DESDE MI CELDA,
PERO LIBRE

Ni siquiera una celda de máxima seguridad puede restringir la libertad que nos da Cristo...

D1412399

Jesús Acosta

DESDE MI CELDA,
PERO LIBRE

Ni siquiera una celda de máxima seguridad puede restringir la libertad que nos da Cristo...

ImagiLab

Primera edición, junio 2023
DESDE MI CELDA, PERO LIBRE
© Jesús Acosta, 2023

Publicado por:

info@imagilab.us
+1 702 559 5156
Las Vegas, Nevada.
Estados Unidos de América.

Has cambiado mi lamento en baile;
desataste mi cilicio,
y me ceñiste de alegría.
Por tanto, a ti cantaré,
gloria mía,
y no estaré callado.
Jehová Dios mío, te alabaré
para siempre.
(Salmos 30.11-12)

DEDICACIÓN

A mi amada y querida hija Leydis, y a mis Amadas
y queridas hermanas, Mariela, Dabralys y Librada.

Las amo mucho.

¡Solo Dios sabe cuánto las amo y extraño!

Estas personas que he mencionado aquí son para
mí tan especiales y significan tanto, que apenas
puedo expresar el sentimiento de amor tan agudo y
profundo que inunda y aprieta mi corazón en este
momento en que me encuentro dedicándoles estas
palabras.

Cuánto quisiera poder ver sus rostros radiantes de
alegría y felicidad en el momento en que reciban
este libro y lo lean. Imagínese usted, fueron ellas
con las que me crie y crecí y con quienes compartí
tantas penas y desdichas que por desgracia nos tocó
vivir, pero que tanto nos unió y nos enseñó a
amarnos y preocuparnos unos por los otros. ¿Cómo

no podré amar y extrañar con todas las fibras de mi ser a mis chiquiticas[1] lindas?

Por favor, mis muy amadas hija y hermanas, cuando lean este libro, ustedes que me conocen tan bien, léanlo como un testimonio vivo de alguien que por experiencia ha llegado a conocer el poder y el amor de Dios de primera mano. Mi anhelo es que ustedes, al igual que yo, lleguen algún día por experiencia propia a conocerlo a Él y entonces entender de manera personal lo que les hablo acerca de Jesús.

---

[1] Usada aquí como una expresión tierna y amorosa de amor y cariño.

AGRADECIMIENTO

A Dios. Mi primer agradecimiento y mi más grande reconocimiento se lo debo al Señor, quien me dio la gracia y la sabiduría para poder escribir este libro. Sin Él sencillamente me hubiera sido imposible hacerlo.

Teniendo en cuenta mi grado de escolaridad al comenzar esta obra (sexto grado), mi crianza, y el hecho de que cuando comencé a escribirlo ni siquiera sabía dónde ni cómo y por qué usar una coma, un punto y coma, y ni cómo y cuándo comenzar con letra mayúscula o minúscula, no cabe duda de que fue por la gracia y la misericordia de Dios que he sido capaz de escribir este libro. Por lo tanto, es a Él a quien doy mis primeras y más apasionadas ¡gracias, Señor Jesús! Muchas gracias por haber venido a mí en lo más hondo de mi bajeza y desesperación y haber traído una sonrisa a mi rostro y una esperanza gloriosa a mi corazón, cuando sólo había pena y tristeza. Mi deseo es que te agrade y te complazca lo que he hecho para Ti y que traiga a tu nombre honor y honra.

Además, deseo darle las gracias a mi hermana Librada por ser una fiel y devota guerrera del Señor, y por no haberse dado por vencida en cuanto a mí y haber orado constantemente a Dios por mi salvación, hasta que el Señor finalmente abrió mis ojos espirituales y me hizo ver la luz. También le estoy muy agradecido a mi amigo y hermano en Cristo, Reynier Remedio, por haberme ayudado con los manuscritos de este libro, por sus muchas sugerencias, y por la pasión y sinceridad con las cuales me habló del libro después de haber leído los manuscritos.

La verdad es que sus palabras y aliento fueron de gran ayuda e inspiración para mí. Y aunque por todo lo que hemos hecho o lleguemos a hacer siempre le hemos dado y daremos la gloria a Dios, no cabe duda de que Él te usó mucho y que tu ayuda fue crucial para la realización de este libro. Muchas gracias por tu obediencia y por la dedicación con que me ayudaste por amor a Él.

Es además mi deseo agradecer a mi amigo y hermano en Cristo, Mario Venero, Por haberme hablado del Señor, por haberme ayudado mucho espiritualmente al principio de mi caminar con Él, y por haberme apoyado con las palabras, "lo creo que lo harás," cuando le hablé sobre mis planes y visiones con respecto a Dios.

También les doy unas gracias bien grandes y llenas de cariño a mi hija Leydis, a mis hermanas Mariela y Dabralys, y a mi primo Lázaro quienes en todo momento me han apoyado en estos tiempos dificultosos y adversos de mi vida.

Expreso además mi agradecimiento a mis amados hermanos en Cristo, Ismael Castro y Philip Swain, por los muchos y sabios consejos que me han dado en lo que toca a mi llamado como pastor, y por la inspiración que han sido para mí en este camino de santidad con Dios.

Igualmente doy unas gracias muy grandes y especiales a mi hermano en Cristo y amigo mío, Nelson Molano, por el amor de Cristo que ha mostrado hacia mí en este año y medio que ha estado a mi lado, por las muchas palabras de aliento y exhortación que me ha dirigido en este caminar de fe, y por la sinceridad y humildad con las que siempre ha estado dispuesto a ayudarme siempre que lo he necesitado.

Su amistad, también, ha sido una bendición para mí gracias al Señor. Por último, y no por eso menos importante, deseo expresar mi gratitud a mi hermano (por parte de padre), Yupanky Robaina, por el amor y respeto que me ha mostrado en tan poco tiempo que nos conocemos, por la disposición sincera y siempre presta con la que me ha ayudado en muchos aspectos y momentos de mi vida, y por la ayuda incalculable con la que me ha apoyado en los muchos trámites y llamadas telefónicas que hemos tenido que hacer en lo concerniente a la publicación del libro.

Su ayuda, sin duda alguna, ha sido un gran aporte a esta obra que he escrito para mi Salvador.

Pagad a todos lo que debéis: al que tributo, tributo;
al que impuesto, impuesto; al que respeto, respeto; al que honra, honra.
(Romanos 13.7)

CONTENIDO

INTRODUCCIÓN

La naturaleza misma del testimonio nos habla de testificar; es decir, el testimonio consiste más que todo en decirle a otros lo que uno ha visto, experimentado y oído; en contarles algo que ha sucedido o tenido lugar en nuestra vida, con el fin y propósito de que sea para el oyente o lector una bendición y exhortación a recibir. Como seguidores de Jesús, creemos y estamos convencidos de que el Señor puede usar (y de hecho usa) nuestras palabras y experiencias para ministrarnos, consolarnos y edificarnos unos a otros, lo que es en sí mismo mi esperanza y el fin con que he escrito este libro.

Con esto dicho, son mi deseo y oración que usted lea este testimonio con este propósito en mente y con un corazón abierto y lleno de expectativas, creyendo que de hecho recibirá algún tipo de beneficio de utilidad para su vida y ministerio. Al leerlo, me gustaría que tuviera en mente una realidad muy crucial e importante: Lo que escribo aquí lo hago porque siento la profunda convicción de que este es mi deber como cristiano y seguidor de Cristo Jesús. Esto, desde luego, incluye y lleva en sí mismo el deseo y la intención de que usted sea edificado, bendecido y que de alguna manera lo anime y persuade a amarlo a Él con todo tu corazón, con toda tu alma y con todas tus fuerzas, como solo Él merece y espera de cada uno de nosotros.

Más allá de todo esto, y quizás igual de esencial para nuestro propósito, mientras lees, es muy importante que se enfoque no tanto en la diferencia y transformación del hombre que era y lo que ahora soy en Cristo, sino en el Cristo glorioso que ha hecho todo esto posible y quien ha traído propósito y libertad a alguien que nunca antes conoció estas cosas.

En el amor de Cristo,

Jesús Acosta

CAPÍTULO 1

MI INFANCIA Y CRECIMIENTO

Gracias por haber escogido entrar en mi mundo, un mundo un tanto oscuro, muy inseguro y desorientado en el pasado, pero ahora lleno de luz, de seguridad y de propósito gracias al Señor Jesús. Nací en Cuba en una era en la que el comunismo comenzó verdaderamente a tomar fuerza y donde la vida para los cubanos tuvo un marcado cambio para peor. No fue diferente en mi provincia, Matanzas, en la parte occidental del país. Esta era una ciudad industrial donde la mayoría de lo que hacíamos estaba definido por el mundo que nos rodeaba; un mundo cada vez más en aprietos, con una creciente hostilidad y carencia debido a la entrada y avance del comunismo.

Fue en ese mundo de leyes rígidas, lleno de restricciones sociales, donde mi vida comenzó el 29 de marzo de 1969. Las dificultades de crecer en semejante ambiente marcaron mi vida desde el principio. Los alimentos eran muy escasos y estaban extremadamente limitados y controlados por el gobierno, lo cual afectaba a casi todas las familias de mi entorno y a lo largo y ancho de la isla. Pero en particular, afectaba a aquellas familias disfuncionales, en las que la madre, sola y sin ningún apoyo, tenía que luchar incansablemente por tratar de poner un plato de comida frente a sus pequeños. En mi caso, nací y crecí en una pobreza extrema junto a mi madre, tres hermanas y un hermanito que era quizás dos años mayor que yo y a quien, desafortunadamente, no logro recordar debido a que murió trágicamente quemado cuando yo solo tenía unos meses de edad.

Por supuesto, esta tragedia fue algo que realmente marcó y afectó en gran medida la vida y la salud mental de mi madre, al punto de enfermarla de los nervios y alterar en gran medida su forma de vivir y comportarse. Después de todo, al considerar lo sucedido, nos damos cuenta de que no es para menos, ya que el pequeño murió prácticamente en sus manos. Esto ocurrió mientras el niño, en compañía de mi hermana mayor (mi hermana Librada, que para entonces tendría unos cuatro o cinco años de edad), se encontraban jugando con fósforos y un garrafón de alcohol en su inocencia, lo cual resultó en un incendio que causó la muerte de mi hermanito.

Pero, a pesar de todo ese sufrimiento, las exigencias de la vida y las responsabilidades que tenía para con nosotros, sus restantes cuatro hijos, obligaron a mi madre a seguir adelante, en contra de la corriente y a pesar de tanto dolor y desdichas.

Desde un principio, nuestras carencias y la pobreza en que crecimos eran tan grandes que hasta la habitación y la cocina en que vivíamos solo tenían la mitad del techo, y estaban al punto de derrumbarse. Además de esto, ni siquiera teníamos puerta; en lugar de eso, poníamos un saco de embalar papas vacío y abierto para cubrir el espacio y "prohibir" el acceso a los intrusos.

Esta casa era originalmente una casa antigua y bastante grande que en su momento tuvo su gloria. Aunque ahora estaba casi en ruinas y dividida debido al tiempo, la falta de cuidado y algunos desacuerdos e injusticias familiares, en el pasado fue un hogar feliz y lleno de comodidades. Fue este mismo hogar el que vio crecer a mi madre y a sus hermanos y hermanas, junto a sus padres, mis abuelos, quienes estaban bien posicionados y eran personas adineradas en el gobierno de Fulgencio Batista, antes del triunfo de la revolución en 1959, cuando Fidel Castro lo derrocó y tomó el poder. No mucho después del triunfo de la revolución, dos de mis tres tíos abandonaron Cuba y emigraron a este país. Mi otro tío, Pepe, y sus tres hermanas, mi tía Ofelia, la mayor de ellas; mi mamá, María Elena, y mi tía Conchita, la menor, permanecieron viviendo en la misma casa junto a sus padres.

Para cuando yo nací, ya mis abuelos habían muerto, mi tío Pepe se había casado y mudado a otro barrio de la ciudad, y lo mismo hizo mi tía Conchita, quien se trasladó a otra ciudad y vivió allí hasta su muerte. En ese momento, mi mamá conoció a mi papá y no mucho después tuvieron su primera hija, mi hermana Librada, y quizás dos o tres años más tarde llegó el segundo, mi hermanito Raúl, quien, como ya mencioné antes, murió trágicamente quemado no mucho después de que yo hubiera nacido. Para el día de mi nacimiento, mi papá ya había abandonado a mi mamá, quien ahora quedaba sola y con tres niños pequeños a quienes cuidar y alimentar.

No mucho después, probablemente unos cinco o seis años más tarde, mi mamá conoció a Martín, quien llegó a ser el padre de mis dos hermanas menores, Dabralis y Mariela, y quien muy a menudo la maltrataba y abusaba de ella sin compasión delante de nosotros. Mi tía Ofelia, por su parte, conoció a Onildo y se casó con él. Este también era un hombre abusador que maltrataba mucho a mi tía y abusaba de ella tanto física como verbalmente. Fue en este momento cuando yo comencé a estar más consciente de las cosas a mi alrededor.

A pesar de mi poca experiencia como niño que aún era, parecía muy obvio para mí que las cosas no eran como deberían ser. Entre otras cosas, noté que este hombre (Onildo) obligó a mi tía Ofelia a dividir la casa en dos, y fue así como nosotros fuimos relegados al fondo de la casa, a esa habitación y cocina en que vivíamos, y que quedaba en lo último de la vivienda. Ahora nuestra entrada a la casa ya no era por el frente, es decir, por la sala y la saleta como de costumbre, sino a través del garaje de la casa, que a su vez daba a un pasillo largo que iba bordeando las habitaciones de la vivienda principal y que conducía al patio de esta. En pocas palabras, nosotros fuimos arrojados a una pequeña habitación; es decir, a un antiguo comedor con un pequeño baño y una pequeña cocina que daba al patio del hogar.

Como es de suponer y usted puede imaginar, viviendo en semejantes condiciones cuatro niños pequeños, sin padre y con una madre enferma de los nervios y muy afectada por la muerte de su hijito, casi nunca desayunábamos. ¡Con suerte comíamos dos veces al día! Y la mayoría de las ocasiones, esos alimentos consistían más que nada en un poco de arroz y en un pedazo de pan viejo. Estas, junto a algunos otros factores e incidentes que afectaron mi crecimiento y marcaron mi destino, fueron las circunstancias que moldearon y definieron mi infancia, y que más adelante me impulsaron a tomar las decisiones equivocadas y los caminos torcidos y casi esperados de un niño que nace y luego crece sin una figura paterna que le dé cierto sentido de confianza, de seguridad y de propósito para vivir.

Ahora, sentado aquí en mi celda, reviviendo estos eventos de mi niñez que tanto me hirieron y me hicieron sufrir, me viene con claridad a la mente el rostro de mi madre, lleno de nostalgia y mucho pesar. Sus ojos color verdoso, llenos de amor y ternura, al posarse sobre mí parecían decirme sin necesidad de palabra alguna lo mucho que me amaba y cuánto le hubiera gustado que las cosas fueran diferentes. Ella amaba mucho y por igual a todos sus hijos. Y a mí en particular, ahora que era el único varoncito, me veneraba con ese amor celoso y protector como solo las madres suelen amar. Yo siempre corría hacia ella y me cobijaba bajo sus brazos con esa necesidad innata de amor y protección que caracteriza a los niños y que tanto necesitan en su inocencia y crecimiento.

Recuerdo que para dormirme necesitaba agarrar fuertemente con mis manitos las manos de mi madre y acurrucarme contra su pecho y bajo su abrazo, como con miedo a que me faltara. Podían faltarme muchas cosas, y de hecho carecíamos hasta de las necesidades más básicas para la vida y el sustento, como una buena nutrición, ropa para vestir, una vivienda adecuada y aceptable, pero si tenía a mi madre junto a mí, entonces lo tenía todo. ¡Cuánto la amaba y necesitaba!

Casi de manera inevitable, esto me trae a la memoria una ocasión en particular que jamás he logrado borrar de mi mente. Esta pesadilla me ha perseguido hasta hoy, tan viva en mi memoria, que a pesar de mi corta edad y de los muchos años que han transcurrido desde entonces, incluso recuerdo con claridad detalladamente la blusa verde floreada que vestía mi madre en aquel momento tan tétrico y sombrío. Aquella noche en particular, Martín (el que luego vino a ser el padre de mis dos hermanas menores) intentó quemar viva a mi mamá. Posiblemente estaba borracho, como tan a menudo era su costumbre, pero esto último no puedo asegurarlo, ya que para ese entonces yo solo contaba con cinco o seis años de edad. Por otro lado, mi madre y yo nunca hablamos ni mencionamos estas cosas una vez que crecí, quizás para evitarnos la incomodidad, el dolor y la vergüenza.

Lo que sí recuerdo con bastante claridad es que me encontraba parado encima de la única cama que teníamos, llorando histéricamente y mirando cómo ese hombre le daba golpes a mi mamá, mientras le gritaba que la iba a quemar y al mismo tiempo le derramaba un litro de alcohol encima e intentaba prender un fósforo para hacerla arder viva. Yo, ahora paralizado de miedo y aterrorizado por el temor, al ver esto y darme cuenta de lo que estaba sucediendo, sin dudarlo ni un instante salté y me abracé al cuello de mi madre, porque si tenía que ser así, moriría con ella. ¡No lo podía soportar!

Ahora, mirando retrospectivamente y después de tanto tiempo, me doy cuenta de que fue por la misericordia y el amor de Dios que ese hombre, totalmente fuera de control y lleno de ira, no pudo prendernos fuego y quemarnos vivos. Pudiera, de hecho, extenderme y contar otros muchos eventos que, como este, tuvieron lugar en mi infancia y crecimiento, pero justamente para nuestro propósito en este libro, no creo que sea necesario.

Y así, poco a poco, en medio del maltrato, la miseria y una pobreza cada vez más grande, fui creciendo y dándome cuenta de la dura realidad. Ver a mis hermanitas llorar de hambre y pasar tanta penuria y necesidad fue algo que me afectó en gran manera. Imagínese usted, la pobreza era mucha. Ni siquiera teníamos con qué vestirnos.

Nos criamos y crecimos sin padre, y nuestra madre ahora estaba enferma de los nervios por la muerte de su hijo. Y aunque nada de esto nos da el derecho ni es excusa para robar, esta es la verdad: me convertí en un ladrón. A la tierna edad de diez años, empecé a robar. Pensaba de esa manera, supongo yo, suplir las necesidades de mi familia y las mías propias.

Recuerdo que comencé robándome los litros de leche de la bodega que se encontraba en la esquina del vecindario en que vivíamos, con el fin de alimentar a mis hermanitas y a mi madre y aliviar así sus necesidades. Pero a medida que fui creciendo, mis robos fueron aumentando. Robé en los almacenes del estado, arroz, frijoles, aceite, carne. ¡Cualquier cosa! Ya para ese entonces, yo era un ladrón empedernido. A tal extremo que terminé robando en viviendas habitadas. De hecho, la vida me llevó por un rumbo que yo nunca hubiera escogido si hubiera podido evitarlo.

Pero no tenía a alguien que, con amor y firmeza, me guiara y me orientara en el camino correcto, y mi madre, por desgracia, no supo cómo hacerlo. No por haber fracasado en realizar en forma correcta su papel de madre porque no me amara o algo por el estilo; de hecho, ella me amaba con delirio, de eso no tengo dudas, y le doy las gracias a Dios por lo mucho que me amó y todo el bienestar que trajo a mi vida su amor incondicional de madre; pero en su mismo estado y debilidad, ella no podía, no sabía cómo hacerlo.

Además de todo esto, para entonces yo estaba ciego a mis malas acciones, vivía una vida rebelde, me encontraba atado en mi pecado. No sabía nada mejor, no conocía otro camino, por desgracia, fue todo lo que hasta ese entonces aprendí a hacer para sobrevivir.

CAPÍTULO 2

HUNDIÉNDOME EN EL PECADO

Al contarle a continuación algunas de mis experiencias y acontecimientos que tuvieron lugar en vida pasada como adolescente, le confieso que me causa mucha vergüenza y bochorno. De ninguna manera se me ocurre vanagloriarme de tanta maldad, como en el pasado llegué a hacerlo entre aquellos de mi calaña. ¿Cómo podría enorgullecerme de semejantes acciones y fechorías, cuando de hecho lo que me trae es tremendo dolor y confusión al hablarle de la bajeza sucia que llegó a ser mi vida? (Véase Romanos 6:20-21).

En realidad, como brevemente mencioné en la introducción de este libro, mi deber como cristiano es en sí la única y verdadera razón por la cual le cuento esta pequeña parte de mi pasado. Ya que la gloria, la honra y el honor le pertenecen al Señor, tanto el mundo entero, así como mis hermanos y hermanas en Cristo, deben saber, como testimonio a ellos, de cuánto me ha liberado el Señor y de dónde me ha sacado y rescatado: del fondo de las tinieblas y la desesperación.

Al hablarle de estas cosas oscuras y vergonzosas de mi pasado, mi propósito consiste más que nada en que usted pueda debidamente apreciar, en el cambio de todo lo

33

que fui y de lo que ahora soy en Cristo Jesús, el poder y el amor de Dios para cambiar y reformar una vida como la mía. Todo para que usted pueda ver y percibir, para su gloria y honor y como testimonio de su gracia y su bondad, de cuánto me ha liberado el Señor Jesús y lo mucho que ha transformado mi vida. ¿Y de qué manera más efectiva, eficaz y clara podría usted notar esa diferencia si no es comparando parte de lo que fui e hice en el pasado con lo que ahora soy y lo mucho que ha hecho de mí el Señor?

Aquella noche en particular, yo y un amigo mío, a quien llamaré Carlos para conservar su anonimato, nos habíamos robado un Jeep e íbamos de camino a un pueblo ubicado en una provincia fuera de nuestra ciudad para cometer un robo. Al llegar a dicho lugar, después de recorrer el pueblo de punta a punta en busca de una víctima fácil, llegamos a un hogar situado en la misma esquina de una cuadra oscura y apartada.

En el camino, ya habíamos acordado dejar el vehículo encendido y listo para partir en caso de que surgiera alguna emergencia o contratiempo mientras cometíamos la fechoría, y así lo hicimos. Nos acercamos con las luces apagadas y, andando marcha atrás lo más silenciosamente posible, estacionamos a un costado de la casa en una calle fangosa y oscura, donde se encontraba la vivienda en la misma esquina. Acto seguido, nos apeamos del carro decididamente y, aunque por dentro estábamos sumamente nerviosos y asustados, no obstante, estimulados por ese siempre presente orgullo (o complejo e inseguridad, diría yo) de hacer creer a otros que no tememos a nada ni a nadie, abordamos la vivienda por la parte de atrás. En pocos segundos, escalamos una cerca de malla de alambre de púas bastante alta y aterrizamos en el patio de la casa alrededor de las dos de la madrugada, mientras los dueños, ajenos a todo esto, dormían tranquilamente.

Con guantes puestos en las manos para no dejar huellas, nos introdujimos en el portal trasero y oscuro y comenzamos a forzar las tablillas de la persiana próxima a la puerta para ganar el acceso. Una vez dentro, ahora más que nunca con el corazón casi paralizado de miedo por la tensión y el peligro, lo primero que hicimos fue desenroscar las patas del televisor con la idea de llevarlo con nosotros, y al mismo tiempo, supongo yo ahora, para usarlas como armas si fuera necesario.

Con ellas en las manos, nos dedicamos a revisar la casa en busca de cosas de valor con el fin de llevárnoslas, y fue así que en cierto momento arribamos a una de las habitaciones donde nos topamos con una pareja durmiendo y a un niño pequeño también dormido en una cuna. Al contemplar la escena y al mirar a esa hermosa e inocente criatura durmiendo tranquilamente y ajena a tanto peligro, seguramente era un buen momento para irme y sentirme culpable y avergonzado, sabiendo que estaba haciendo lo malo; pero, como cualquier persona que se encuentra adicta y atada a alguna droga o sustancia, yo estaba aprisionado y atado en el pecado, me había convertido en un ladrón.

Como siempre sucede y es de esperar cuando cerramos nuestros oídos al dictado de nuestra conciencia, mi corazón se iba endureciendo cada día más y más. En lugar de abandonarlo todo y nunca más hacer ese tipo de fechorías, silencié la voz de mi conciencia, ahogué mis culpas y temores, y rápidamente le hice señas a mi compañero con el fin de no hacer ningún ruido ni despertar a nadie; y con esto salimos de la habitación calladamente y continuamos silenciosamente nuestra búsqueda. Sin embargo, al mirar nuevamente en el cuarto un rato después para comprobar si todo seguía igual y la gente aún dormía, para sorpresa nuestra notamos algo que nos heló la sangre: ¡El hombre no estaba en la cama como lo habíamos visto un rato antes!

Este hombre fácilmente pudo habernos matado y ni siquiera hubiera tenido que pagar por eso, pero no lo hizo gracias a la misericordia de Dios. Lo que hizo fue hacernos saber que habíamos sido descubiertos, y quizás por miedo o por lástima, comenzó a gritarnos en voz alta y a echarnos fuera.

Le confieso que para esto último no tuvo que esforzarse mucho. De hecho, al notar su presencia, ya despierto, nuestros pies salieron automáticamente volando y saltamos esa cerca como si se tratara de un pequeño escalón. Una vez fuera, corrimos como demonios asustados hacia el Jeep ya listo y encendido, y emprendimos la huida en dirección a nuestra ciudad, Matanzas. El dueño de la casa, quien nos siguió gritando y profiriendo palabrotas a todo pulmón mientras corríamos hacia la cerca para brincarla y escapar, continuó gritando desde el patio, despertando con esto a medio pueblo.

No sé quién habrá avisado a la policía. Pero en nuestro viaje de regreso, a través de una carretera rural muy oscura y llena de árboles a ambos lados, casi chocamos con tres o cuatro carros patrulleros que venían hacia el pueblo a toda velocidad en respuesta a la llamada por el robo. Nosotros, que para entonces íbamos prácticamente volando del susto, al darnos cuenta de lo que sucedía, frenamos lo mejor que pudimos y abandonamos el vehículo con las puertas abiertas y el motor casi fundido en medio de la oscura carretera.

Pero ahí no terminó todo. Los agentes de la policía, que al llegar junto al Jeep se apearon (supongo que con las armas en las manos – ese lugar estaba tan oscuro y tupido de árboles que literalmente yo casi no podía ver al amigo mío), comenzaron a perseguirnos lo mejor que pudieron dada las circunstancias. Pero qué va. El miedo, el cual es el mejor y más efectivo estimulante para el atletismo, hacía que mis pies volaran casi sin tocar la tierra llena de espinos y matorrales, luchando por la supervivencia.

Finalmente, después de atravesar kilómetros y kilómetros de monte y campo en medio de la noche oscura, llegamos al amanecer a un pueblo llamado "Guanábana", el cual se encuentra prácticamente en el otro extremo de la ciudad de Matanzas. Una vez ahí, con unas ojeras que nos llegaban casi hasta la boca, con los ojos hundidos como fantasmas de película, llenos de arañazos y rasguños, y con un aspecto que daba miedo y a la vez lástima, nos subimos a un autobús, tratando de no llamar mucho la atención, y viajamos hasta llegar a la parte costera de nuestra ciudad, y un poco después a nuestras casas.

Lo terrible de esto es el hecho de que estas cosas no eran algunos hechos aislados, sino una parte muy activa y "normal" de mi vida. Yo vivía robando, era un oportunista, hacía trampas y engañaba a los demás porque esa era mi naturaleza y a lo que estaba habituado. También era una persona lisonjera y aduladora.

Hipócritamente podía decirle palabras muy bonitas y expresar con mis labios que le quería y que era su amigo; sin embargo, aunque quizás en aquel entonces no lo podía ver con claridad y parecía ser sincero, ahora me doy cuenta de que mi corazón no era real y verdadero. Porque, aunque lo veamos o no de esta manera, cuando estamos ciegos a la

Verdad no somos capaces de ver nuestras muchas faltas y pecados. En muchos casos somos hipócritas, pensamos que nos la sabemos todas y que todo lo merecemos. Exteriormente podemos aparentar muchas cosas, pero, sin embargo, muy a menudo en nuestro interior no somos sinceros, no somos reales, no somos puros.

Porque cual es su pensamiento en su corazón, tal es él. Come y bebe, te dirá; más su corazón no está contigo (Proverbios 23.7).

Pero, sobre todo, yo era una persona egoísta que solo pensaba en mí. Muchas veces, al llegar a casa después de mis fechorías y maldades, de pronto me encontraba a mi pobre madre sentada en el quicio de la calle, preocupada por su hijo y esperando a ese sinvergüenza e insensible egoísta que, al llegar, ni siquiera le daba un beso ni trataba de calmar sus temores.

Así de endurecido iba volviendo el pecado mi corazón. ¡Ay, cuánto me duele ahora! Cuánto me arrepiento y lloro por haberla hecho sufrir como lo hice. Cuánto deseo, aunque sea por un instante, poder mirarla a sus ojitos, abrazarla y decirle: "Mamá, yo te amo; yo siempre te amé, pero no supe demostrarlo y ni siquiera tuve el valor para decirte que te amaba. Fui cobarde, mamá; yo no sabía lo que hacía. Perdóname, madre mía, por favor, perdóname".

CAPÍTULO 3

DE MAL EN PEOR

Como era esperarse, con semejante comportamiento y manera de vivir mi vida, para nada mejoraba. Todo lo contrario, era una creciente decadencia e iba de mal en peor día a día. Entraba y salía de la cárcel con bastante frecuencia, y con el fin de evitar algo peor, cada vez que me metía en problemas con la justicia iba a consultar a un santero o hechicero, pensando, en mi ignorancia, que esto me salvaría de ir a la prisión, cuando en realidad lo que hacía era adorar demonios y buscar guía y ayuda donde solo hay destrucción y engaño, en el mundo de las tinieblas.

Pero, por supuesto, nada de esto me ayudaba. No podemos esperar resultados diferentes repitiendo y haciendo las mismas cosas una y otra vez. Yo vivía constantemente jugando con candela hasta que me quemé y fui a parar a la prisión, demostrando así la veracidad del viejo refrán que dice: "El que juega con fuego, tarde o temprano se quema".

A menudo se ha dicho que la prisión reforma al hombre y que en buena medida lo convierte en un buen ciudadano y hombre de bien, y puede que, en algunos casos, como medio de disuadirlo, haya dado resultado o haya traído algún tipo de cambio para bien en la vida de algunos, ya que ese es uno de los propósitos y el fin por el cual se da el castigo, con la intención de rehabilitar al ofensor para hacerlo un miembro productivo y cumplidor de la ley en la sociedad. Me parece oportuno mencionar que en mi caso no fue así. Al contrario, le confieso que caer en la prisión de nada me ayudó, ni mucho menos reformó mi vida o mi manera de pensar. De hecho, tan pronto salí en libertad, continué mi carrera de ladrón.

Para mí, y tal como yo lo veo, esto no hace más que confirmar el hecho de que, en un sentido de veras real y radical, solamente Cristo puede transformar nuestras vidas y cambiar nuestra manera de pensar y de vivir. Solo Él es capaz de convertir un corazón de piedra en uno de carne. Pero para aquel entonces yo ni siquiera había oído hablar acerca de Jesús. Vivía, como dice Pablo, ajeno a la vida de Dios por la ignorancia que en mí había (léase Efesios 4.18).

Con todo y eso, Dios nunca dejó de tener misericordia de mí, aunque en aquel entonces yo ni siquiera lo tenía presente en ninguno de mis pensamientos. Ahora, mirando retrospectivamente mi pasado, puedo ver con bastante claridad la mano del Señor protegiéndome en todo ese tiempo tormentoso y oscuro de mi vida.

Lo cierto es que, si no hubiera sido por su gran misericordia y por su amor incomparable, de seguro que usted no estaría leyendo este libro. En verdad, fueron muchas las ocasiones en mi vida en las cuales corrí el riesgo de perderla sin remedio.

CAPÍTULO 4

COMO ENGAÑADOR Y FARSANTE

Además de todos esos robos y fechorías que eran parte de mi diario vivir, otra cosa muy activa y normal en mi vida era la de apostar dinero y hacer trampas en distintos tipos de juegos. Lo que buscaba era ganarles su dinero de cualquier manera posible. Frecuentaba casi a diario diferentes puntos de juegos (casas clandestinas y prohibidas) donde se reunían hombres peligrosos que eran capaces de matar (y algunos ya lo habían hecho) por la mínima razón y sin escrúpulo alguno. Esta era gente del "ambiente", la guapería, la ley del más guapo y valiente. Hombres mentados y señalados como presidiarios que habían ganado fama por hechos de sangre, apuñalando y matando a otros en algunos casos, solo para ganar el respeto y el temor de los demás.

Conforme pasaba el tiempo, así vivía y crecía yo; desperdiciando mi adolescencia y sin importarme para nada mi vida, siguiendo la corriente del ambiente que me rodeaba, esas costumbres y patrones erróneos que, sin darme cuenta, iban formando y moldeando mi vida para lo peor; menospreciando el peligro y, sin realmente quererlo ni sentirlo, vivía mentalmente decidido a enfrentar lo que viniera con el fin de vivir a la altura de lo que se esperaba de mí en el mundo en que me desarrollaba. En un sentido muy real e innegable, vivía para los demás. Me encontraba sumido en una crisis de identidad. Mi verdadero yo se iba perdiendo cada vez más y más en una densa nube de confusión interior. De este modo, por supuesto, me hallaba inhabilitado para ver la realidad.

Recuerdo que cerca del barrio vivía una familia que todos, ¡prácticamente hasta la señora de la casa, apostaba! El padre, a quien llamaré "Juan", junto a sus tres hijos, eran unos jugadores muy hábiles y difíciles de ganar. Pero todos tenían dinero y si uno quería ganar apostando, entonces tenía que ganarles a ellos. Yo lo había intentado muchas veces con anterioridad, pero la verdad es que estos hombres eran un hueso duro de roer. En una ocasión, yo tenía cierta cantidad de dinero y el hermano menor de ellos, a quien irónicamente llamaban "el niño" como me llamaban a mí antes de venir a Cristo Jesús, me lo ganó todo en un rato jugando dominó mano a mano. Y le digo que yo sé jugar ese juego muy bien y, además, hacía trampas.

Probablemente usted habrá oído decir anteriormente: "cría fama y acuéstate a dormir". Pues yo era tramposo y, como tal, me señalaban; y aunque muchos no veían mis trampas porque las hacía muy natural y hábilmente, algunos otros sí lo sabían y por eso me vigilaban. Uno de ellos era "Juan". Por eso, un día en particular, después de haber pensado y meditado en la manera en que podría ganarle el dinero a ese hombre, me disfracé como otra persona para que, al jugar con él, no me vigilara y poder de esa manera hacerle trampas.

Me puse de acuerdo con un amigo mío y le dije que fuera y le dijera a "Juan" que él (mi amigo) tenía un primo del campo que vendría pronto a visitarlo y que le gustaría jugar con él. "Dile que este guajiro tiene mucho dinero y que le gusta apostar". Mi amigo, pues, siguió mis instrucciones y se pusieron de acuerdo en que, tan pronto llegara "su primo", él lo traería a su casa para apostar.

Llegado el momento señalado, alrededor de las tres de la tarde, comencé a cambiar mi aspecto. Lo primero que hice fue coger una muñequita de juguete de mi sobrina Oyaima y le corté el pelo; un pelo negro de muñeca que venía a la perfección para lo que me proponía hacer. Lo corté lo más parejo que pude y, después de haberme untado en la cara un pegamento hecho de algodón que casi me arranca el pellejo, me pegué el pelo de muñeca y me hice una barba que parecía tan real que conseguí engañar a todos, menos a mi mamá que desde que me vio enseguida supo que era yo.

Seguidamente, me unté un poco de aceite de pelo en la cabeza y me peiné, pensaba yo, como si fuera un guajiro del medio del monte. Sin ofensa alguna hacia la gente que vive en el campo. En realidad, para mí muchas de las mejores personas que he conocido son gente del campo. Pero yo estaba tratando de parecer otra persona para que "Juan" no me reconociera y así poder hacerle trampas, y no se me ocurrió otra idea mejor que tratar de aparentar ser alguien humilde, inocente y sin malicia alguna en quien se pudiera confiar.

Me puse una camisa azul de cuadritos blancos y de mangas largas (¡en tiempo de tremendo calor!) y un par de espejuelos de aumento que parecían haber sido hechos de fondo de botella.

Llegado el momento, partimos hacia su casa y mi amigo nos presentó de manera seria y elegante, como si se tratara de un acto o evento muy importante y solemne. Después de haberme identificado con otro nombre y hablando con una voz ronca y fingida, preparamos la mesa de dominó, acordamos la cantidad de dinero que apostaríamos por juego y comenzamos a jugar sin pérdida de tiempo alguno.

Mientras tanto, "Juan" me observaba con unos ojos examinadores y penetrantes, como si yo hubiera caído de otra galaxia. Supongo que notaba algo fuera de lo normal y trataba de descubrir de qué se trataba, pero de alguna manera no lograba saber exactamente qué era. Por mi parte, yo estaba consciente de su examinación escrutadora, como si fuera un actor experimentado, le daba a entender que ni siquiera me daba cuenta de que él me observaba, hasta que un rato después parece que me tuvo por "auténtico" y quitó su atención de mí para concentrarse en su juego, lo que en sí mismo fue su error y lo que yo buscaba.

Ahora, ya libre de la examinación, empecé a jugar honesta y tímidamente, hasta ganarme su confianza y borrar así cualquier vestigio de duda que pudiera quedar en su mente. Entonces, una vez cumplido ese cometido, comencé a hacer de las mías, haciéndole todo tipo de trampas. Con una habilidad adquirida por experiencia a lo largo de los años, me dediqué a cambiar fichas y a poner forros uno tras otro, aparentando seriedad y respeto sin misericordia ni resentimiento alguno.

Al proceder así e ignorar el derecho y las necesidades de los demás, inevitablemente uno llega al punto en el que ya casi nada le importa. Y, por mucha vergüenza que estas acciones puedan causarme hoy, en verdad no me importaba si se quedaba sin dinero para comer. Yo era una persona egoísta que sólo pensaba en mí. Había ido ahí con el propósito de ganarle su dinero a base de trampa y engaño, y haría cualquier cosa con tal de salirme con la mía, hasta el punto de haberme disfrazado como otra persona para conseguirlo. Y más triste aún era el hecho de que, después de hacer estas cosas, me burlaba y me vanagloriaba con mis amigos y compañeros haciéndome pasar por una persona astuta e inteligente, cuando en realidad lo que siempre fui era un hombre miserable y egoísta que no pensaba más que en mí.

La palabra "atestado" me parece quedarse corta para describir la cantidad de impurezas e iniquidades que habitaban en mi interior. Mi falta de decencia y limpieza moral no tenía límites. Estaba lleno de maldad e hipocresía. Incluso algunos de mis amigos más cercanos, a quienes juraba lealtad y decía querer y respetar, llegaron a ser víctimas de mi traición y vileza.

Uno de ellos fue mi primo Felipe, a quien traicioné mientras se encontraba en prisión, al acostarme con su esposa y llegar al punto de abiertamente hacerla mi mujer y mudarme con ella. ¡Cuán bajo y traicionero llegué a ser! Cuán duro se puso mi corazón y cuán insensibles se hicieron mis sentimientos ante el dolor de los demás. Y peor aún, en este caso con mi primo Felipe, cuando volvimos a reconciliarnos, en lugar de pedirle perdón y mostrar vergüenza por lo que había hecho, actué como si nada hubiera sucedido y pretendí ser el mejor y más digno de confianza de todos los amigos. Sí, en verdad muchas de las cosas que hacía me causaban vergüenza y dolor, no me malentienda. Pero en lugar de pedir perdón, arrepentirme y no volver a hacerlo, debido a que me encontraba tan atado y sujeto a la maldad y tan confundido y desorientado en mi interior, lo que hacía era tratar de ganarme el amor y la confianza de la persona a quien había herido mediante la adulación, la manipulación y la hipocresía.

Mi corazón, que después de todo era humano, por el mucho dolor que yo mismo le causaba al fallarle y serle infiel a aquellos que sinceramente me brindaban su amor y amistad, desarrolló una especie de mecanismo de defensa contra el dolor y una gran capacidad para enterrar, muy por debajo de la superficie, hasta el punto de casi olvidar, todo ese dolor y miseria que yo mismo le causaba al hacer sufrir a los demás.

Llegué a ser un experto en ahogar dentro de mí todo el recuerdo de mis malas acciones, que me traían vergüenza y sufrimiento. ¡Oh, qué miseria, qué amargura, qué oscuridad y qué tormento era mi existencia! ¡Cuán oscuro y cenagoso era el pozo de mi vida antes de que el Señor llegara a mí y me rescatara!

CAPÍTULO 5

MI VIAJE HACIA LOS ESTADOS UNIDOS

El día que salí de Cuba no me despedí de nadie. Esto sucedió de una manera tan rápida y, a la vez, tan inesperada que hasta a mí mismo se me hace difícil comprender y, más aún, explicar. Excepto que pueda decir que mi orgullo y egoísmo jugaron un papel determinante o que haya sido víctima de mi destino y de una fuerza superior a mí que siempre me llevó a hacer cosas en contra de mi propia voluntad, todavía no lo entiendo.

Esta fue una de las veces en las cuales me dejé llevar por las circunstancias y por ese trauma que con tanta frecuencia me arrastró a hacer cosas en contra de mis deseos e intenciones. Permítame contarle y extenderme en este punto por un momento. En una ocasión en que un grupo de nosotros hablamos acerca de irnos del país y se me preguntó si yo quería y estaba dispuesto, casi sin pensarlo e involuntariamente les respondí: "Seguro que sí, cuenten conmigo". Pero solo eran habladurías y fanfarronerías mías; yo nunca pensé ni por un instante realmente irme de Cuba y dejar a los míos. Sin embargo, aquí estoy después de todo.

¿Cómo sucedió esto? ¿Cómo fue que vine a parar a los Estados Unidos y abandonar a mi familia, que ni remotamente pensé seriamente hacer? Esta es la parte que no entiendo muy bien y que me lleva a pensar que, a pesar de toda mi aparente bravura, mis maldades y tantos defectos, en el fondo lo que realmente siempre fui es un pobre e infeliz desgraciado que toda la vida la he vivido a expensas de las circunstancias, de la voluntad y el deseo de los demás, y por entero sujeto y aprisionado a los complejos y sentimientos de inferioridad que me hacían tratar de demostrar a otros lo que en realidad no era ni sentía.

Esa noche, ahora tan lejana en la distancia, pero tan viva y presente en mi mente como si hubiera sido ayer, lo menos que se pudiera pensar o ni siquiera imaginar era que yo terminaría en un bote de remos con dirección a los Estados Unidos. Eso era algo que sencillamente estaba fuera de toda probabilidad. Aquella conversación que habíamos tenido con respecto a dejar Cuba había tenido lugar hacía ya mucho tiempo; y si en aquel entonces no la tuve por algo serio o real, desde luego que esa noche en particular no existía ni en lo más recóndito y lejano de alguno de mis pensamientos.

Esto tuvo lugar el 16 de septiembre de 1992. Me encontraba en mi casa alrededor de las ocho de la noche junto a mi mujer, mi hijita de solo dos años de edad, mi mamá, mis hermanas y un amigo con quien estaba jugando un partido de billar, cuando de repente vino a verme uno de aquellos hombres con quienes un día en el pasado habíamos mantenido aquella conversación ahora casi olvidada para mí, sobre irnos del país. Este, sin muchos rodeos, fue al grano y me dijo: "Niño, ya tenemos el bote y todo listo para abandonar el país. Lo único que nos falta es una brújula para irnos esta noche".

Yo, tomado por sorpresa, pero, como ya mencioné, dominado por ese poder superior que muchas veces me llevó a hacer cosas en contra de mi voluntad, o quizás arrastrado por ese trastorno de hacer creer a otros que yo no decía no a nada, de repente y sin esperarlo, me encontré diciéndole a mi visitante: "Yo sé quién tiene una y podemos resolverlo".

En el fondo de mi corazón, permítame decirle, yo estaba convencido de que no íbamos a ir a ninguna parte y que de una manera u otra iba a cumplir con mi palabra y después desligarme del asunto y nunca más comprometerme con nada relacionado con eso de dejar Cuba y a mi familia. Pero yo, que nunca fui dueño de mí mismo, poco sabía que en menos de dos horas me encontraría en contra de mi propia voluntad, y al mismo tiempo, sin que nadie me obligara ni forzara a hacerlo, montado en un bote robado y huyendo hacia los Estados Unidos de América sin siquiera haberme despedido ni haber besado a mi mamá, mi hijita, mi mujer y mis hermanas. Increíble y, por demás, inaceptable, pero cierto.

Tan pronto terminé de hablar con este hombre, fui a decirle a mi mujer que iba a salir por un momento a resolver un asunto, pero que volvería pronto. Y así, saliendo secretamente de la casa en compañía de mi ahora molesto y entrometido visitante, nos dirigimos en bicicleta hacia la casa de la persona que yo sabía podría tener una brújula. Una vez allí, cambié mi bicicleta por la brújula y de inmediato partimos hacia donde nos esperaban los demás, ya listos para partir, y un camión cargado con el bote y demás cosas que necesitaríamos para el viaje. Nos subimos todos al camión y nos dirigimos hacia un lugar aislado en la costa central del país, donde sigilosamente descargamos la embarcación en la orilla, nos subimos a ella y emprendimos nuestra huida.

Éramos siete personas: una mujer, un adolescente y otros cinco jóvenes. Todos juntos en ese pequeño bote de remos que solo medía aproximadamente diez pies de largo y cuatro de ancho. Aquellos que conocen del mar sabrán el inmenso riesgo que implica cruzar el estrecho de la Florida en semejantes condiciones.

Recuerdo que, al amanecer del primer día, después de habernos pasado toda la noche y madrugada remando, de pronto y sin esperarlo, nos rodearon más o menos entre seis y ocho tiburones gigantescos y comenzaron a dar vueltas alrededor del bote. A menudo se ha dicho que uno no conoce algo realmente hasta que pasa la experiencia en carne propia. Yo estoy muy, pero muy de acuerdo con esa verdad, y lo mismo pueden decir y afirmar los que estaban ahí conmigo. Pues en medio de tal experiencia, al vernos en medio de esos enormes tiburones que tantas atrocidades muestran en muchas películas, llenos de miedo y pánico, recogimos los remos y estuvimos tranquilos y sin movernos como estatuas de mármol, hasta que, de manera bastante extraña y sin razón aparente, gracias a Dios, se fueron y entonces continuamos nuestra travesía.

No obstante, lo más peligroso y escalofriante estaba aún por llegar. En realidad, la peor de las pesadillas la vivimos algunas noches después de la escena con los tiburones. Ya para ese entonces no teníamos nada que comer y muy poca agua para beber y así recobrar las fuerzas.

A todas estas, y para empeorar las cosas, uno de los hombres que viajaba con nosotros se hallaba inconsciente y en muy mal estado debido a que había cenado antes de zarpar de Cuba. Por esta razón, sucedió que, al subir al bote, el fuerte oleaje lo hizo vomitar por varias horas, dejándolo muy débil. Este se pasó casi todo el viaje sin conocimiento, echado entre nuestros pies en el piso de la embarcación, haciéndonos de esa manera la situación aún más complicada y desesperante.

En cada una de mis manos tenía dos ampollas de sangre bien grandes que me habían salido como resultado de haber remado tanto. Esa noche en particular se desató una gran tormenta con un fuerte viento y una lluvia que arrojaba unas gotas de agua tan grandes que parecían piedras. Dolían como si te estuvieran tirando pequeños pedazos de rocas. Esto nunca antes me había sucedido, ni jamás había experimentado anteriormente semejante lluvia de granizo. Por otro lado, el viento furioso e impetuoso levantaba unas olas gigantescas y junto con ellas, al pequeño bote en que viajábamos. Esto se repetía una y otra vez; parecía no tener fin.

Hasta hoy no sé si todo esto sucedió por causa del huracán Andrew que recientemente había asolado al estado de la Florida. Pero, sin embargo, parece totalmente evidente que solo Dios en su soberanía, gran misericordia y poder pudo habernos salvado de aquella situación tan crítica y complicada.

Las olas impulsadas por el fuerte viento levantaban como si nada la pequeña y frágil embarcación y la dejaban caer una y otra vez. Y con esto, como a menudo suele suceder en nuestras debilidades y temores cuando la incertidumbre y el peligro nos acechan, las esperanzas de sobrevivir también se iban desvaneciendo.

Oh Jehová, Dios de los ejércitos, ¿Quién como tú?

Poderoso eres, Jehová, y tu fidelidad te rodea.

Tú tienes dominio sobre la braveza del mar;

Cuando se levantan sus ondas, tú las sosiegas (Samos 89. 8-9)

Todo esto comenzó en las últimas horas de la noche. Dondequiera que mirábamos, lo único que alcanzábamos a ver era agua y una oscuridad tan densa que apenas podíamos distinguirnos unos a otros. En verdad, razonando todo lo que pasamos con mi mente limitada y finita, aún no logro comprender cómo fue que ese pequeño botecito no se partió en dos ni cómo sobrevivimos a semejante situación. En ocasiones, si nos detenemos a meditar en algún momento difícil y de mucho peligro que hayamos atravesado y para el cual no hallemos explicación de tal liberación o protección, a menudo descubriremos un profundo sentido de agradecimiento y adoración por nuestro Salvador.

Ese es mi sentir en este momento en que me encuentro escribiendo estas memorias. Lo cierto es que al pensar en todo eso no se me ocurre otra cosa sino alabar al Dios todopoderoso, dueño y creador del cielo y de la tierra, y darle las gracias por su gran misericordia y su inmenso amor para con nosotros.

Finalmente, después de mucho batallar y de casi habernos rendido, llegamos el sábado siguiente a ocho millas de la costa en Isla Morada, donde nos recogió la Guardia Costera americana y nos transportó a tierra firme. Allí nos atendieron y alimentaron.

Después de esta experiencia que jamás he podido olvidar, comencé mi nueva vida en este país. Quisiera poder decir que algo nuevo había comenzado, que de alguna manera el pasado quedaba atrás junto a todo el dolor y confusión que había experimentado; pero lo cierto es que mi vida, aunque ahora en un país rico y lleno de oportunidades, seguía tan vacía y triste como la que hasta entonces había vivido en mi tierra natal.

Peor aún, ahora no tenía a mi lado a mi familia, no contaba con aquellas personas que significaban todo para mí. Los había abandonado, los había dejado atrás; ¡cuán culpable y fracasado me sentía! En lugar de ellos, en mi corazón había un vacío tan profundo e intenso, que, con todo y la belleza de este país, las cosas a mi alrededor parecían irreales, muy distantes y sin sabor alguno.

Desprecio lo que fui. Me gustaría conocer alguna otra palabra que pudiera expresar con más claridad cuánto odio y desprecio lo que fui e hice. Y aunque sé que no es posible y nada gano con desearlo, Dios es testigo de que daría mi propia vida si con ella borrara mi pasado de la historia, y en especial aquella parte en que herí e hice sufrir a otros. Jesús llegó a mi vida y abrió mis ojos al valor y al derecho de los demás. Una de mis oraciones hoy es que el Señor un día me permita la oportunidad de pedirle perdón y restaurar todo el daño que causé, aunque sea a alguna de las muchas personas a quienes herí e hice sufrir. Sin embargo, desafortunadamente, hay algunas de esas personas a quienes nunca podré volver a amar ni pedirles perdón, como es el caso de mi mamá, quien ya murió y que nunca más volví a ver desde aquel lejano día en que la abandoné y que tanto pesar y dolor ha traído a mi corazón.

Todo esto para decirle: Ame a su madre. Bésela muy a menudo y disfrute de ella mientras pueda. Hazla feliz y hazle saber que es amada y necesitada. No importa, en realidad, que no haya sido la mamá perfecta. Ella, como madre, merece todo su respeto, su atención y su amor. Piense en cuánto trabajo pudo haber pasado para criarlo y cuánto luchó por darle lo mejor que pudo. Mírela a los ojos y dígale: "Mami, tú eres y has sido la mejor mamá del mundo. Si yo volviera a nacer y se me pidiera escoger, yo te escogería nuevamente a ti como mi madre. Gracias por lo mucho que has hecho por mí y por lo mucho que me amas y todo el bien que me deseas. Te amo, madre mía; eres tan especial y significas tanto para mí, mamá". Pero si, al igual que yo, ya no cuentas con esa bendición, seguramente tienes hermanos o hermanas, hijos, hijas y mujer a quienes puedes decirles lo mismo y hacerles saber cuánto valen para usted. Siempre hay alguien a quien amar y por quien vivir y luchar.

De hecho, si de manera intencional miramos a nuestro alrededor, de pronto nos daremos cuenta de que el mundo se encuentra tan falto de amor y compasión, tan lleno de personas que buscan ser amadas, aceptadas y comprendidas.

CAPÍTULO 6

UNA NUEVA OPORTUNIDAD Y MI ENCUENTRO CON LAS DROGAS

Como en el caso de traición e infidelidad que cometí contra mi primo Felipe durante mis años de adolescencia en Cuba, no mucho después de haber llegado a este país volví a cometer tal acto de traición y bajeza en contra de mi mejor amigo, quien me recibió con los brazos abiertos y me llevó a vivir a su casa con su mamá, e incluso me dio trabajo como ayudante de él y sus hermanos en la instalación de losas y mármol desde el momento en que arribé a este país.

En conformidad con nuestro propósito en este libro, para que usted pueda ver y apreciar las cosas tal y como son y no omitir algo por vergüenza a lo que puedan pensar los demás de mí, cobra especial importancia que sea transparente al contar estas cosas con toda honestidad. Cuando digo que este hombre era mi mejor amigo, no estoy exagerando. Este fue mi mejor y más íntimo amigo desde que éramos solo unos niñitos de cuatro años de edad, momento en que él, su mamá y varios de sus hermanos se mudaron a la casa que se encuentra al lado de la mía en Cuba. Desde el momento en que nos conocimos, cuando éramos aún tan pequeños, nuestras almas quedaron ligadas una con la otra como un lazo de amor y amistad. Seguramente algunos se identificarán conmigo al recordar aquellos amigos de la infancia que tanto llegamos a amar, y junto a los cuales pasamos tantos ratos hermosos e inolvidables y compartimos tantas experiencias que, por ser tan especiales para nosotros, han quedado cinceladas como vivos recuerdos en nuestros corazones.

Este es el caso de mi amigo y yo. Crecimos y estudiamos juntos, y éramos prácticamente inseparables. Recuerdo que en nuestros años de pubertad salíamos juntos a las fiestas de quince a enamorar a las muchachas y a buscar novias, todas esas cosas normales para el despertar de la adolescencia y la juventud en el mundo.

Debo confesar que, al reavivar estos recuerdos a la luz de mi traición y mis maldades, mi corazón es atravesado por un dolor profundo y agudo, como si estuviera siendo apuñalado. Yo quería a este amigo como si fuera mi propia sangre, y lo mismo puede decirse de él conmigo. No, no he exagerado al decir que él fue mi mejor amigo. He hecho un debido énfasis en este caso para que usted pueda percibir mejor la magnitud de mi maldad y bajeza, que fueron más fuertes y pudieron más que mi cariño, mi lealtad y la amistad de mi amigo. Muy poco valoré todo lo que me ayudó e hizo por mí cuando llegué a este país. Cruelmente traicioné su cariño, su respeto y la confianza que me tenía al acostarme con su mujer y madre de su único hijito.

Y lo peor y más repugnante de mis acciones y mi comportamiento es el hecho de que cuando mi amigo se enteró y me pidió una explicación, una explicación que lleno de esperanza él esperaba que aclarara todo y que de alguna manera le asegurara que todo era un malentendido, al confrontarlo y ver su rostro marcado por el dolor pero de alguna manera esperanzado de que todo fuera mentira, mi descaro y falta de vergüenza, que no tienen comparación, me llevaron a mentirle hipócritamente mientras le lloraba y le juraba que eso era mentira, que yo nunca le haría tal cosa.

Me apresuro a confesar que al revivir estas memorias mientras escribo aquí en mi celda, me hacen visualizar estos eventos justamente como si hubieran sido ayer mismo, y traen a mi corazón una punzada de dolor y arrepentimiento. Al recordar mi vida pasada, y más aún al contarla abiertamente como lo estoy haciendo aquí, la vergüenza cubre mi rostro y me hace desear que nunca hubiesen sucedido estas cosas. Me causan mucha repugnancia y dolor ahora que el Señor me abrió los ojos a la verdad. Pero ese era yo. Todo ese bochorno e impureza que les he contado era mi vida constante y diaria. Yo no hacía estas cosas de vez en cuando, esa era mi vida "normal" todos los días.

Bien pudiera escribir un libro entero de historias como estas, pero ese no es el propósito de este libro. Estas pocas historias se las cuento solo para que tenga una idea de quién era yo y del tipo de vida que vivía, y así pueda ver cuán glorioso y poderoso es ese Dios tan lleno de misericordia y compasión que tan radicalmente ha cambiado mi vida. Por eso, por mucha pena y dolor que todos estos recuerdos puedan causarme, por el honor y la gloria que solo Él se merece, estoy dispuesto a revivirlo todo con tal de traer gloria y honra a su nombre, y que de alguna manera sea de bendición, consuelo y utilidad para su vida y ministerio.

Y así, cada día echando más y más culpa a mi conciencia y endureciendo cada vez más mi corazón tratando de huir de la pena y del dolor, con el correr del tiempo, mientras hipócritamente seguía trabajando con "mi amigo" y sus hermanos en la instalación de lozas y mármol, poco a poco fui aprendiendo el oficio hasta que finalmente me convertí en instalador y luego me independicé. Entre muchas otras cosas, conocí a la mujer que más adelante fue mi compañera y madre de mi hija en este país. Una mujer maravillosa que fue muy pero muy buena conmigo. Sin embargo, yo siempre le fui infiel, pagando mal por bien, desagradecido, ingrato e injusto. Cosas de las cuales estoy sincera y profundamente arrepentido, por no mencionar que me siento tremendamente avergonzado.

Aprovecho esta oportunidad que me da Dios para pedirle (si de alguna manera este libro llegara a sus manos), honesta y sinceramente como nunca antes, que por favor me perdone por lo mal que me porté, y además decirle que Jesucristo la ama mucho. Tengo fe en Dios de que este mensaje llegará a sus manos, y aún conservo la noble y humilde esperanza de que un día podré pedirle perdón personalmente, al igual que a muchas otras personas a quienes también lastimé e hice sufrir mucho.

Con respecto a mi mujer y madre de mi hija en Cuba, como es obvio y de esperar de una persona tan insegura, confundida, llena de egoísmo y falta de propósito como lo era yo, al principio le hice promesas y le di esperanzas, y de veras fui enteramente sincero cuando lo hice. De hecho, como mencioné brevemente un poco más arriba, al llegar a este país me sentí tan solo y devastado por no tenerla a mi lado que las cosas parecían irreales y descoloridas a mi alrededor. Pero, ¿mudará el etíope su piel, y el leopardo sus manchas? Así también, ¿podrán ustedes hacer el bien, estando habituados a hacer el mal? (Véase Jeremías 13.23).

Por mi parte, no pretendo hacerle creer que me esforcé mucho y que hice todo lo posible para traerla a este país conmigo. Sí, ese de verdad era mi deseo y lo que más me hubiera gustado. Qué maravilloso hubiera sido tener a mi familia junto a mí y comenzar de nuevo. Pero no podemos pedir o esperar de alguien algo que no tiene ni es capaz de dar. Recuerde, yo era un hombre sin rumbo y sin dirección; no tenía propósito, no era capaz de proponerme algo y luego llevarlo a cabo; no sabía hacer nada mejor, no era dueño de mí mismo.

De esa manera vivía mi vida: sin rumbo fijo ni esperanza alguna. Nunca supe lo que era la paz. Vivía completamente en la oscuridad, la inseguridad y la confusión. No importaba ni hacía diferencia alguna con quién me juntara, a dónde fuera o lo que tuviera. Yo era un muerto caminando y respirando por respirar. Mi vida estaba seca, muy vacía, y completamente insatisfecha y desorientada. Vivía en medio de una gran amargura y una soledad que me iban consumiendo a paso lento. Hasta que un día empecé a consumir drogas, buscando con esto, supongo yo, huir de la realidad y llenar mi vacío.

Esto fue, tal como yo lo veo ahora, mi destrucción y mi salvación. Porque al mismo tiempo que me destruía, también me condujo a cometer el delito que más tarde me trajo a la prisión, donde conocí a mi Señor y Salvador Jesucristo. Este encuentro con el Rey de reyes sí marcó y cambió mi vida por completo y para siempre. En realidad, no puede ser de ninguna otra manera. Cuando uno tiene un encuentro con Jesús, tiene que haber un cambio, algo sucede, hay un nuevo amanecer. Ahí donde Él llega, las cosas comienzan a ser diferentes.

De modo que si alguno está en Cristo, nueva criatura es; las cosas viejas pasaron; he aquí, todas son hechas nuevas (2 Corintios 5.17).

Poco después de separarme de la madre de mi hija, conocí a otra mujer y me casé con ella. Rentamos un apartamento y, en mi insano e injustificado orgullo por tratar de demostrar lo que no era ni tenía, me fui con ella a varias tiendas y compramos a crédito todo lo que necesitábamos para nuestra nueva vivienda. Además, y para empeorar la situación, entre muchas otras cosas, también saqué a crédito una camioneta para el trabajo, endeudándome así hasta la cabeza. Y lo que hacía las cosas peor todavía era el hecho de que para aquel entonces ya yo estaba viciado a la marihuana y a la cocaína. No importaba cuánto lograra ganar instalando losas; entre las deudas y las drogas se iba absolutamente hasta el último centavo.

Esta presión, la cual comenzó debido a la carencia de dinero, y esto último gracias a mi adicción y a mi mala cabeza, empezó a crear problemas y desacuerdos entre mi mujer y yo.

Poco a poco, el diablo, quien no desperdicia ninguna oportunidad, me fue engatusando y metiéndome en la cabeza mi antiguo hábito de robar. Y debido a que nos encontramos indefensos y cautivos a la voluntad del diablo cuando no tenemos a Jesús como Señor y Salvador en nuestra vida (véase 2 Timoteo 2.26; Efesios 2.1-3), pues no le costó mucho trabajo para convencerme. Hasta que una noche, de mutuo acuerdo con varios amigos, decidimos robar en una casa, donde tristemente murió una persona cuando accidentalmente se disparó el arma de uno de los hombres que se encontraba conmigo.

También en este caso aprovecho esta oportunidad que me da el Señor para pedirle a los familiares de la víctima que por favor me perdonen. Quizá esto les parezca muy poco, y los comprendo perfectamente. Solo Dios, quien conoce los corazones, sabe cuánto quisiera yo que esta tragedia no hubiese sucedido. Pero por mucho que me pese, y de veras me duele y me pesa mucho, por desgracia no puedo cambiar la realidad. Aunque mucho lo deseo, desafortunada y tristemente no puedo hacer absolutamente nada para borrar ese inmenso y amargo dolor que les he causado. Dios es testigo de que estoy sinceramente arrepentido. Y aunque sé y estoy consciente de que no lo merezco, con todo y eso les ruego: por favor, perdónenme.

Hasta el día de hoy sigo lidiando con preguntas y muy a menudo le digo a Dios: "Señor, ¿por qué has sido tan bueno conmigo? ¿Por qué me has salvado, me has protegido y me amas como lo haces, siendo que yo he cometido tanta maldad y he causado tanto dolor en la vida de otros?" No tengo la respuesta y quizás nunca llegue a entenderlo.

Algo puedo decir con absoluta seguridad: sé que Él es muy bueno y que su gracia es suficiente hasta para alcanzar incluso a un hombre tan indigno como yo. Su gracia, su maravillosa gracia, es tan grande que en verdad no es posible que el pecado de nadie sea demasiado grande para ser perdonado, y su sangre es sumamente pura para que exista alguna vida demasiado sucia e indigna que no pueda limpiar.

CAPÍTULO 7

VIVIENDO
PERDIDAMENTE

Después de este trágico y amargo suceso, que marcó el fin de mi vida libre como emigrante en este país, comenzó mi vida como fugitivo de la justicia. Los detectives asignados al caso comenzaron la investigación y no mucho después ya estaban sobre mi pista y siguiéndome los pasos. Por otro lado, aquella presión y desacuerdo que ya existía entre mi mujer y yo, a razón de la falta de recursos, junto con el hecho de que ahora me buscaba la justicia, fue justamente demasiado para nuestro matrimonio, que vino a terminar en un divorcio y en otro fracaso sumado a la cuenta de mi triste y larga trayectoria.

Mi vida como tal, en realidad, nunca tuvo dirección ni propósito alguno; pero ahora, huyendo y habiendo sido finalmente alcanzado por el pecado de toda una vida, ya ni siquiera tenía sentido vivirla. Ahora, restringido hasta el punto de ni siquiera poder usar mi licencia de conducir ni ninguna otra identificación debido a mi condición de fugitivo, empecé a trabajar por la izquierda cuando se me presentaba la oportunidad y a vivir brincando de un lugar a otro sin hogar fijo por miedo a que me arrestaran.

Con el dinero que iba ganando, continué viviendo mi lóbrega vida un día a la vez hasta ver qué me deparaba el destino; un destino incierto y sin esperanza. Me dediqué a visitar las discotecas nocturnas, a aspirar cocaína ahora más que nunca y a beber licor junto a cualquier mujer que se me presentaba en el camino, prometiendo y mintiendo por mentir con tal de conseguir lo que quería y tratar así de cierta manera escapar de mi complicada y triste realidad y del vacío y desespero que tan frecuentemente oprimía mi corazón.

En este mundo lleno de incertidumbre y desesperanza, me encontraba una noche en una discoteca localizada en Carolina del Norte junto a varios amigos y compañeros de trabajo, cuando traté de pegarme un tiro en la cabeza. Habíamos ido a ese lugar por un contrato de trabajo que había hecho la compañía de mi amigo y sus hermanos para remodelar los baños de una cadena de hoteles situada en la ciudad de Carolina, en dicho estado.

Esta fue una de las muchas veces en las que casi pierdo la vida sin remedio. Solo Dios y nadie más que Él pudo evitar que esto sucediera. A eso me referí un poco más arriba cuando le hablé de ese poder superior, trauma o lo que sea que haya sido que muchas veces me llevó a hacer cosas en contra de mis propias intenciones.

Cuando digo que intenté pegarme un tiro, no lo hice porque haya querido acabar con mi vida por falta de voluntad o sentido para vivirla. Si ese hubiera sido el caso, no me sentiría tan perplejo como me siento al acordarme de estas cosas y tratar de encontrarles sentido. Al tratar de dispararme en la sien, lo hice con el fin de demostrar a los que estaban conmigo que era capaz de hacerlo. Esto es algo increíble pero enteramente cierto. No me pregunte por qué; yo mismo no lo entiendo. Y le cuento esto para que pueda ver cuán confundida, expuesta e indefensa llega a estar una persona que no tiene a Cristo al poder maligno del enemigo de nuestras almas.

Esa noche en particular, había bebido bastante y con rapidez, como siempre lo hacía cuando salíamos en grupo. Lo que hacía y buscaba con esto era tratar de escapar de la realidad y a la misma vez conseguir ganarme la atención de todos y ser así el centro del grupo. Mi inseguridad siempre me condujo a hacer cosas como estas, y esa noche no fue para nada diferente. En eso estaba cuando, de repente, me puse escandalosamente sentimental; y quizás buscando que me tuvieran lástima y me dieran atención y cariño, no sé cómo ni por qué les dije a todos que me iba a dar un tiro en la cabeza.

A esto, uno de los presentes, quien me conocía y sabía que muy a menudo me comportaba de esa manera insoportable y ridícula, al parecer molesto por mi comportamiento infantil, me desafió y hasta se ofreció a darme su propia arma, asegurándome que yo lo que estaba era borracho y hablando por hablar. Yo, que era tan estúpido como para atentar contra mi propia vida con tal de demostrar que era capaz de hacerlo, pues le seguí el juego y fue así que ambos terminamos dentro del camión de trabajo, en el cual habíamos acudido al lugar, y donde se hallaba el arma de aquel que me había desafiado. Para decirlo de la manera más sencilla y directa posible, ahí tomé la pistola de su mano, la cargué, y sin apenas pensarlo, me la acerqué a la sien para dispararme.

No estaba nervioso ni nada por el estilo. Sencillamente cogí el arma, la cargué y, con la misma naturalidad con que uno se toma un vaso de agua, levanté la pistola resueltamente hacia mi cabeza y apreté el gatillo. Sí, muy increíble y por demás estúpido y triste; pero así de simple lo hice, levanté la pistola a sangre fría hacia mi cabeza y apreté el gatillo. Entonces mi compañero, ahora blanco como un papel y por completo convencido de que yo sí era lo suficientemente necio como para hacerlo, no sé cómo fue que en el último instante consiguió desviar mi muñeca con el arma y salvar así mi vida. El proyectil, de manera milagrosa gracias a Dios, ni siquiera me rozó y vino a atravesar el piso del vehículo casi entre mis pies.

Fue así, confundido y desequilibrado, que viví mi vida entera antes de que el Señor llegara a mí. De manera muy real, yo era una persona que se podía manejar y dirigir al antojo de cualquiera que supiera cómo hacerlo. No se necesitaba más que darme un poco de cuerda, como a cualquier juguete, para que llevara a cabo el deseo y la voluntad de cualquiera.

Era precisamente un dueño de nada, un don nadie e infeliz que ni siquiera era capaz de mantener un rumbo fijo ni proponerme algo que después pudiera llevar a cabo.

CAPÍTULO 8

SENTENCIADO Y EN PRISIÓN

En este trance de locura y desenfreno me encontraba, corriendo de un lugar a otro y escondiéndome de la policía, cuando, poco después de este episodio con la pistola, me arrestaron en Miami. Esto sucedió mientras hacía un estimado para un trabajo de losas en un almacén que resultó ser una trampa de los detectives, quienes habían conseguido mi número y me habían llamado haciéndose pasar por un cliente que necesitaba mi mano de obra. Así fue como me arrestaron y me pusieron en una cárcel del condado mientras se preparaban para el juicio en mi contra por el caso pendiente.

Esto le tomó al estado unos nueve meses. Nueve meses que, como siempre, pasé confundido y tratando ahora más que nunca de huir de la realidad, y en este caso, doblemente atemorizado y lleno de ansiedad por la seriedad del asunto, pero de alguna manera esperanzado de que ganaría el caso y me soltarían. Pero no, como mencioné brevemente un poco más arriba, el pecado de toda una vida finalmente me había alcanzado. Sin estar consciente ni enterado de esta verdad bíblica, estaba por cosechar todo aquello que había sembrado (véase Gálatas 6.7).

Una vez terminado el proceso judicial establecido por la ley y después de tres días de juicio, fui frente al juez y los miembros del jurado asignados al caso para escuchar el veredicto. Yo no conocía a Dios en aquel tiempo, pero sí recuerdo haber orado a Él durante todo el juicio pidiendo misericordia, una misericordia que no merecía de un Dios que no conocía ni sabía si existía. Aún tenía la esperanza de que me declararan inocente después de estos nueve meses de espera en la cárcel. Pero cuando escuché el veredicto de culpable y la voz del juez pronunciar la sentencia: "Señor Acosta, yo te sentencio a pasar el resto de tu vida en prisión", no me es posible describir lo que sentí.

Ahí estaba yo, con solo 27 años de edad, rodeado por un grupo de personas que nunca antes había visto ni conocido, mirando casi sin ver como algo irreal a un juez de rostro severo decir esas palabras como una daga de acero que nunca olvidaré. El mundo se me vino encima. Mi vida se me iba, se me escapaba de las manos; una vida malgastada y destrozada por el pecado. Ahora señalado por la sociedad como lo vil y menospreciado, como el desecho y la escoria del mundo. Me volví para mirar a mi padre, mi único familiar presente, y cuando nuestros ojos hicieron contacto, pude ver la tristeza y el dolor personificados; y entonces rompí a llorar. Me esforcé por mantener el rostro firme y aparentar tranquilidad, pero no fui capaz de contener las lágrimas que comenzaron a correr por mis mejillas como un río de agua viva, fluyendo de un corazón profundamente entristecido, hondamente herido y ahora doblemente confundido y desorientado.

No creo haber llorado por la sentencia y el veredicto de culpabilidad, pues en ese momento mis sentidos estaban atontados y aún no había asimilado bien ese hecho. De hecho, mi mente estaba como en suspenso, en blanco. Lo que quebrantó mi corazón fue el agudo dolor y la tristeza que pude percibir en la mirada de mi padre. "¿Qué pasó?" Parecían decir sus ojos, cargados de tanta angustia. Unos ojos que jamás volví a ver, que nunca más volví a mirar. Y así, con un sentimiento de no haber dicho lo suficiente y sin haberme podido despedir de mi papá, me esposaron y me llevaron de regreso a la cárcel, y en menos de un mes después me trasladaron a la prisión.

Cuando llegué a la prisión, continué viviendo perdido como hasta ese entonces. Pero, como si eso fuera posible, me sentía más triste y vacío que nunca antes. Y aunque ni por el lugar más remoto de mi mente cruzó el pensamiento de causarle daño a alguien (de hecho, la pistola que me dieron la sostenía con mis manos casi sueltas por miedo a que se disparara), con todo eso, la conciencia y el sentimiento de culpa por haber participado no me dejaban tranquilo. A menudo anhelé con desesperación encontrar una manera de acabar con todo. Muchas fueron las veces que pasaron por mi mente pensamientos de suicidio. ¿Qué sentido tenía mi vida? Entonces, comencé nuevamente a fumar marihuana para de esa manera, pensaba yo, ahogar mi pena y mi dolor.

Esto, como es de esperar, me trajo muchos problemas y complicaciones. En lugar de aliviar mi angustia y confusión, lo que en realidad hizo fue hacer mi situación más triste y complicada todavía. Comencé a meterme en problemas y terminaba en el calabozo de la prisión con bastante frecuencia.

A todas estas, yo veía a muchos reclusos ir a la capilla de la prisión, y algunos me hablaban de Cristo. Este era un tema del cual yo había oído hablar muy poco, y por esta razón no entendía mucho. Para ser más exacto, la primera vez que oí hablar acerca de Jesús fue estando en la cárcel del condado mientras esperaba que me celebraran el juicio. Y aunque en varias ocasiones fui a la capilla de la prisión, por el hecho de encontrarme tan ciego y encerrado en mi propio mundo y dolor, no prestaba la debida atención. Por ende, tampoco entendía ni comprendía nada de lo que allí se hablaba.

CAPÍTULO 9

UNA TRISTE Y AMARGA SORPRESA

Al igual que lo sucedido entre mi mamá y mi padrastro en mi infancia, cuando este último intentó quemarla, tampoco he conseguido olvidar una de las veces en la cual me encerraron en el calabozo bajo investigación con respecto a una fuga. Recuerdo esta ocasión en particular porque, cuando finalmente me soltaron y pude llamar por teléfono a mi hermanastro, me enteré de la triste y trágica noticia del asesinato de mi padre, perpetrado por una joven mujer que le disparó en repetidas ocasiones con un rifle R-15, causándole la muerte.

Este incidente causó un fuerte impacto en mi vida, pues para entonces, mi papá era prácticamente todo lo que yo tenía en este país y el único con quien tenía comunicación. Y aunque hasta ese momento no me había dado cuenta, lo quería mucho. El dolor que experimenté cuando me dieron la noticia fue realmente grande y devastador. Me sentí caer en un vacío hondo y oscuro. Lloré tanto y con tanto dolor que me dolieron los ojos. Y así anduve como un sonámbulo durante cierto período de tiempo que me parecía irreal. Mi vida, como tal, era una vida de creciente tristeza que parecía nunca acabar y en la que no había un rayo de esperanza que trajera alivio y consuelo a mi alma tan sedienta de amor y comprensión.

En este caso, al igual que en los anteriores, también tomo ventaja de esta oportunidad que me concede Dios para decirle a esa joven que la perdono por haber matado a mi papá. Le confieso que en aquel entonces sentí cierta ira y rencor en su contra. Pero hoy, gracias al Señor, puedo decirle que la he perdonado y que además la amo mucho con el entrañable e incondicional amor de Jesucristo. Estoy convencido de que en su interior esa no fue su intención ni deseo.

Como ya hemos mencionado, cuando no tenemos a Cristo como Señor y Salvador en nuestra vida, tampoco poseemos poder alguno contra el pecado y la maldad. Jesús es nuestro libertador y el poder para vencer el mal que tan persistentemente nos rodea y busca destruirnos. Es mi anhelo y oración que este mensaje llegue a usted y que además sepa que el Señor la ama como nadie jamás podrá amarla. No importa lo que haya hecho en el pasado o el dolor que pueda haber causado. Él murió por usted y pagó de esa manera por todos sus pecados, como también lo hizo por mí. Si aún no lo ha hecho, le exhorto a que sinceramente se arrepienta de todos sus pecados y que lo reciba como el Señor y Salvador de su vida. Si así lo hace, yo le aseguro que todo será diferente.

CAPÍTULO 10

LO QUE MÁS TEMÍA ME ACONTECIÓ

Porque el temor que me

espantaba me ha venido,

Y me ha acontecido lo que

yo temía (Job 3.25)

Continuando con mi relato, después de la muerte de mi padre, seguí viviendo en la miseria en la cual se había convertido mi existencia. Hasta que siete años más tarde, también murió mi querida y amada madre. Todavía conservo la carta en la que mi hermana Mariela me comunicó la triste y amarga noticia. También para entonces me encontraba en una celda de confinamiento, como tan a menudo sucedía debido a mi problemática vida.

Esa tarde en particular era una tarde bien calurosa, un calor sofocante que solo aquellos que han estado en una celda de prisión en Florida comprenderán a lo que me refiero. Al levantar la correspondencia del piso de la celda que el guardia acababa de arrojar por debajo de la puerta y notar que venía de Cuba, como siempre sucedía cuando recibía cartas de mi familia, enseguida tuve sentimientos encontrados. Por un lado, me alegraba mucho saber de ellos; me causaba mucha alegría oír de ellos y saber que estaban bien; pero por otro lado, cuánta nostalgia y tristeza me causaba leer sus cartas y no poder estar con ellos, sin mencionar el hecho de que encontrarme en esa situación sin poder ayudarlos me hacía sentir más miserable y culpable todavía.

Pero esta carta era diferente; esta no era una carta más donde la gente te saluda y te hace saber cuánto te ama y lo mucho que te extraña, o donde te dan la buena noticia del nacimiento de un nuevo bebé como un miembro más de la familia. Esta carta era la portadora de la noticia más amarga y abrumadora que jamás haya experimentado; el peor de los temores que alguien pueda temer estaba por golpearme, y me golpeó con mucha fuerza. "Mi hermano", me decía en ella mi hermana Mariela, "nadie te lo ha querido decir para no hacerte sufrir más, pero yo pienso que tú tienes todo el derecho de saberlo... mami falleció, murió..." Hasta aquí, hasta esta parte logré entender lo que me decía mi hermana menor.

Está de más decirle que para mí el resto de la carta era como si estuviera en blanco, que ya no tenía relevancia alguna lo que seguía a continuación; de lo demás ni siquiera me acuerdo, y en verdad no importaba para nada ahora; en un momento como ese, la mente humana no puede recibir más, no es capaz de asimilar mucho más; de ahí en adelante, lo único que uno experimenta es un dolor tan profundo que parece físico, tan negro que se hace indescriptible. Mientras leía y volvía a leer y releer esas palabras como buscando haber entendido mal, el dolor me iba apretando y sofocando mi corazón. Me acuerdo que aun después de haber salido de la celda unos quince o veinte días después, mientras caminaba alrededor del patio de la prisión, no paraba de llorar y lamentarme por la muerte de mi madre.

Ese fue y ha sido el dolor más intenso y desgarrador que jamás haya sufrido. Todo aquel que haya amado a su madre y la haya perdido sabrá de lo que estoy hablando. Y más todavía si dejó algo por decirle o cumplir.

Yo conservaba la esperanza de algún día salir de la prisión para cuidar de mi mamá y pedirle perdón por todo lo que le había hecho sufrir con mis locuras y mi mala cabeza. Su muerte, la cual me agarró por sorpresa y totalmente desprevenido, me hizo mucho, pero mucho daño. Está de más decirle que esta pérdida, que tanto dolor y remordimiento me ha causado y que aún sigo sintiendo, no la logré enterrar en el olvido en algún lugar remoto de mi mente, como a menudo hacía con aquellas cosas que me causaban dolor y me hacían sufrir. No, esto era algo diferente, algo más allá de mi capacidad. Quedó mucho por decir; muchas cosas que me hubieran gustado decir a mi madre y hacer por ella que ahora no podría. En mí se cumplió el dicho que dice: "Uno no sabe lo que tiene, hasta que lo pierde". Ahora solo pensaba en las tantas cosas que me hubieran gustado haber hecho diferente, y que ya era demasiado tarde para remediar. Mi mamita se había ido para siempre. Entonces, como si esto fuera realmente posible, mi vida se hundió aún más en ese pozo hondo y oscuro como la misma muerte.

Recuerdo que con frecuencia me preguntaba a mí mismo: ¿cómo es posible que una persona pueda sufrir tanto y por tanto tiempo y no enloquecer? ¡Esa era mi triste y amarga situación! Ya prácticamente no me importaba nada. En ese estado me encontraba cuando, en una de mis locuras, me enredé en un problema junto a varios otros presos, consiguiendo con esto que nos encerraran a todos bajo el cargo de "incitar un motín".

Debo añadir que este tipo de infracción lo toman muy en serio en este lugar. En mi caso, en particular, me encerraron en una celda de confinamiento por dos años seguidos. Pero puedo decir con absoluta certeza que este incidente lo cambió todo. Al verme en esa situación, encerrado solo en una celda por tanto tiempo, me hizo reflexionar y fue cuando, de verdad, por primera vez en mi vida, me pude dar cuenta con claridad de la triste realidad y de mi lastimosa condición. Mi vida había tocado el fondo; había llegado a lo más bajo.

La cruda verdad y mi lamentable situación me golpearon de repente, abrumándome con un peso que ya no podía soportar. ¡Necesitaba ayuda! Pero no ayuda humana, sino ayuda sobrenatural, la ayuda de Dios, ayuda divina.

Necesitaba desesperadamente a Jesucristo. Necesitaba con urgencia a Aquel que es el único que verdaderamente nos puede ayudar y liberar de cualquiera que sea nuestra condición o dificultad. Aquel que con tanto amor nos hace la solemne y sublime promesa e invitación: *"Venid a mí todos los que estáis trabajados y cargados, y yo os haré descansar"* (Mateo 11.28).

Sí, definitivamente yo estaba muy cansado, muy agobiado y muy agotado. Pero fíjese bien, no estaba cansado y trabajado por tratar de guardar la ley de Dios a la manera de los escribas y los fariseos, como lo indica allí el contexto; yo estaba cansado por los golpes de la vida; estaba muy agobiado por la carga del pecado, por la maldición del pecado y la maldad. Y eso fue exactamente lo que hice. Desde el fondo de ese oscuro pozo y de ese amargo dolor que eran mi vida, clamé a Dios por ayuda con todo mi corazón.

Al recordar ese momento me parece como si hubiera sido ayer mismo. ¿Cómo podré olvidar la desesperación de mi alma y el lamento de mi corazón cuando clamé al Señor por socorro y ayuda?

Para aquel entonces me faltaban alrededor de seis meses para que se cumpliesen los dos años de castigo y me soltaran de la celda de confinamiento. Nunca antes había sido tan sincero, y por esto le doy la gloria a Dios. Fui directo al grano, le dije la verdad. Fui yo mismo, tal y como me sentía; dejé que mi corazón y no mi intelecto fuera el que hablara y expresara su dolor. Levanté mi alma a Dios lo mejor que pude y supe hacerlo con todo el desespero y la angustia que sentía. Como solo puede hacerlo un corazón contrito y humillado que reconoce su miseria y la necesidad que tiene de Dios. Quizás las que siguen no fueron exactamente cada una de las palabras que usé ese día, pero la siguiente oración expresa con precisión la angustia de mi corazón en ese momento tan desesperado, pero tan crucial y determinante en mi vida.

"Señor", comencé, "si Tú eres real y de veras existes, ayúdame por favor. No importa lo que tengas que hacer conmigo; lo que realmente importa y necesito con desesperación es que Tú me ayudes. Ya no puedo más, mis fuerzas para luchar y continuar adelante se han agotado; ya no quiero ni deseo seguir así como hasta ahora; por favor, ayúdame, Señor".

Eso fue todo. No obstante, esa pequeña pero sincera y desesperada súplica cambió para siempre el destino y la condición de mi vida. El Señor, quien es un Dios muy misericordioso y cuya voluntad es que nadie se pierda sino que todos procedan al arrepentimiento (véase 2 Pedro 3.9), escuchó mi ruego y desde ese momento comenzó a obrar en mi vida. ¡Cuánto me alegro y me regocijo por haber hecho esa oración!

Cuando finalmente llegó ese día ¡tan esperado por mí!, me soltaron de la celda de reclusión y me llevaron para "South Florida Recepción Center". Este no es un campamento permanente. Ahí generalmente solo te aguantan unos cuantos días hasta que te trasladan a tu campamento regular.

Para ese entonces, ya yo me había enterado de cuál era el campamento al que me habían asignado: "Century C.I.", el más lejano de Miami, donde reside mi familia. Este campamento se encuentra ubicado, yendo de Miami hacia el noroeste, en lo último del Estado de Florida. Para ser más exacto, se encuentra en la ciudad de Century, a solo unas tres millas aproximadamente del Estado de Alabama.

Como usted comprenderá, yo no quería de ninguna manera que me llevaran tan lejos. Lo que en realidad deseaba era quedarme cerca de Miami para así tener visitas regularmente. De hecho, con el fin de lograrlo, hice todo lo posible para que así fuera. Pero qué va, ya el Señor había fijado sus ojos en mí y tenía en mente para mi vida unos planes completamente diferentes a los míos propios.

Ya me habían informado que el autobús que iba para la región en la que se encuentra situada la prisión que me habían asignado partía en esa dirección el siguiente lunes. Ese día en que llegué a South Florida R.C. fue martes. O sea, solo me quedaban cinco días para inventarme algo y conseguir que me dejaran en un campamento cerca de Miami. Entonces hice algo que nunca antes había intentado hacer en la prisión porque me causaba vergüenza: ¡me hice pasar por loco!

Alguien me había comentado que no muy lejos de ahí se hallaba un campamento en donde ponen a los reclusos que toman medicamentos para los nervios. Con esta información, pues, tomé la decisión y esa misma noche, después de haberme bañado, comencé la actuación.

Fui, me presenté al guardia de turno y le dije que tenía pensamientos suicidas y que necesitaba ayuda urgentemente. Enseguida me pusieron las esposas y me llevaron a ver al médico de guardia. Cuando llegué allí, actué tan bien que logré hacer que me pusieran en una celda para locos, en donde me encerraron desnudo bajo vigilancia hasta que me evaluó el psiquiatra al próximo día.

Al día siguiente, alrededor de las diez de la mañana, me llevaron a ver al médico. Una vez ahí, proseguí con mi actuación. Pero qué va, cuando Dios ha decidido algo, no existen voluntad ni fuerza humana posible que puedan interponerse en su camino (véase Isaías 14.27). El Señor ya había determinado llevarme a ese campamento con el fin de abrir mis ojos y convertir mi endurecido corazón a través de un hermano en Cristo que se encontraba ahí, y que en aquel entonces yo no conocía todavía.

Este es un buen momento para decir que Dios, en su gran sabiduría e infinito conocimiento, usa a ciertas y específicas personas para alcanzar a otras. Usted mismo es alguien único, y como tal, hay ciertas y determinadas personas que el Señor irá poniendo en su camino, que solo usted es capaz de impactar y llamar su atención.

Por ejemplo, yo personalmente puedo ir a usted y hablarle acerca de Cristo y contarle detalladamente todo lo que Él ha hecho en mi vida. Sin embargo, es probable que, por mucho que le diga y me esfuerce por tratar de convencerle, con todo y eso, puede ser que mi testimonio no traiga convicción a su corazón o que no me crea. No obstante, quizá le hable su vecino o algún amigo o familiar suyo que conoce por muchos años, y entonces puede ser que sí le crea a esa persona. O viceversa.

Dios, en su omnisciencia, lo conoce absolutamente todo, y de igual manera, está en soberano control de todo. Y aunque esa no es su única manera de obrar con nosotros, sí usa a determinadas personas para llamar nuestra atención. Por supuesto, si así Dios lo desea, Él puede valerse hasta de una piedra para llamar nuestra atención y hacernos recapacitar. Pero así es como Él generalmente obra.

Porque somos hechura suya, creados en Cristo Jesús para buenas obras, las cuales Dios preparó de antemano para que anduviésemos en ellas (Efesios 2.10).

En mi caso en particular, la persona que Él había escogido y que usó para llamar mi atención se encontraba en esa institución. Por esta razón, por mucho que traté y me esforcé por quedarme cerca de Miami, no lo conseguí. Contra Dios no se puede luchar y salir vencedor. Esa es una pelea perdida aun antes de comenzarla. En cambio, junto a Él todo lo podemos y cualquier batalla que nos toque pelear, ya la hemos ganado aun antes de comenzarla, aunque sí tenemos que pasar por el conflicto y, en ocasiones, sufriremos derrotas debido a nuestras debilidades.

De ninguna manera podía yo imaginarme que, en esa prisión, la cual traté de evitar a toda costa, encontraría lo mejor y más hermoso de mi vida. Y aquí encontramos una lección manifiesta. Muchas veces, por buscar y perseguir nuestras comodidades y seguir nuestros propios deseos e ideas, corremos de Dios y desperdiciamos muchas de las buenas cosas que Él tiene para nosotros y todo el bien que desea hacernos. ¿Por qué queríamos huir y salirnos del camino de bien y de vida que Aquel que tanto nos ama ha puesto delante de nosotros, y entristecerlo a Él que nos ama y a quien amamos?

CAPÍTULO 11

DE CAMINO A MI ENCUENTRO CON JESÚS

Después de que terminé mi cita con el psiquiatra, este evaluó mi caso y firmó unos documentos autorizando, con ello, que me sacaran de la celda para los reclusos con problemas mentales. A su parecer, yo no tenía ningún problema con los nervios. Con lo que yo tenía problemas era con mi cara de palo, la cara dura que tenía hasta el extremo de hacerme pasar por loco. Pero ahí no terminó todo, ni mucho menos me di por vencido. Yo estaba resuelto a quedarme cerca de casa y, con este fin, seguí luchando por mi noble causa.

Cuando finalmente llegó el lunes y me llamaron para trasladarme, hice otra cosa que tampoco había hecho anteriormente. ¡Actué como si tuviera un fuerte ataque al corazón!

Ese día me despertaron alrededor de las dos de la mañana y me ordenaron que empacara mis pertenencias porque me iba de traslado. Este era mi última oportunidad para hacer algo y evitar así que me llevaran tan lejos, y no lo iba a desperdiciar.

Después de haber recogido mis pertenencias y listo para partir, salimos todos los que nos íbamos esa mañana (aproximadamente cincuenta presos) hacia el comedor para desayunar. Una vez terminado el desayuno, nos dirigimos hacia el lugar donde subiríamos al autobús designado para el traslado.

Esta era mi última oportunidad. Si de verdad deseaba quedarme cerca de casa, entonces tenía que hacer algo al respecto y hacerlo ya. Esto fue exactamente lo que hice: Me dejé caer al piso mientras soltaba la bolsa con mis pertenencias y me agarraba el pecho con ambas manos como si tuviera un ataque al corazón.

Ante semejante espectáculo, rápidamente se hizo un círculo de personas a mi alrededor; enseguida trajeron una camilla y me llevaron a la enfermería de la institución. Le cuento que actué tan bien que conseguí engañar a todos. Si me hubiera visto algún director de cine, probablemente me hubiese contratado para filmar alguna película. Pero que va, contra Dios nadie puede. Él decide y Él hace.

Jehová de los ejércitos juró diciendo: *"Ciertamente se hará de la manera que lo he pensado, y será confirmado como lo he determinado... Porque Jehová de los ejércitos lo ha determinado, ¿y quién lo impedirá? Y su*

mano extendida, ¿quién la hará retroceder?"
(Isaías 14.24, 27).

Habiendo llegado a la enfermería, el personal médico comenzó a trabajar y me colocaron en el pecho una serie de cables que a su vez iban conectados a una máquina que portaba una pequeña pantalla. A todas estas, yo seguía con mi actuación, haciendo muecas e imitando expresiones de dolor con mi cara y mi cuerpo. Pero por mucho que me esforcé, aguanté la respiración e hice muecas, no logré confundir a la máquina y el resultado fue que yo no padecía ningún problema en el corazón.

Finalmente, me sacaron de la enfermería, me montaron en el autobús y me llevaron a la prisión a la cual me habían destinado. Allí me asignaron al mismo dormitorio en el que se hallaba el hermano que Dios usó para llamar mi atención y guiarme al arrepentimiento.

Como a menudo sucede, sobre todo en la prisión, que, al arribar por primera vez a algún lugar en particular, por alguna que otra razón alguien se nos acerca para darnos la bienvenida, este hermano en su momento se me acercó y se presentó por su nombre. Con el transcurso de los días, a medida que íbamos interactuando, comenzamos a conocernos y nos hicimos amigos. Conforme iba creciendo nuestra amistad, poco a poco el hermano fue hablándome de Dios y testificándome todo lo que el Señor había obrado en su vida.

En aquel entonces, no pude entender lo que era, pero había algo en ese hermano que me parecía real. Me parecía verdadero y muy sincero cuando me hablaba de Dios. Como siempre es el caso cuando uno habla por experiencia propia, era como si él conociera o tuviera algo que aún yo no conocía ni tenía; sus palabras parecían tener la confianza y la autoridad de alguien que, por experiencia propia, sabe de lo que está hablando.

CAPÍTULO 12

UN NUEVO AMANECER

Ahora, mirando hacia atrás, puedo ver con claridad que ese "algo" que noté en el hermano mientras me hablaba del Señor era la unción del Espíritu Santo obrando en mi vida a través de él, en respuesta a aquella sincera oración que yo había hecho a Dios cuando me encontraba encerrado en la celda de segregación. Y ya que una de las tareas y obras del Espíritu Santo en el corazón del ser humano es convencer de pecado y amorosamente atraernos a Cristo (véase Juan 16.8), pues tocó mi corazón, me hizo ver la necesidad tan urgente que tenía de Dios al mostrarme mi condición y miseria espiritual sin el Salvador, y fue así que me arrepentí.

A partir de entonces, todo fue diferente. Derramó en mi interior un hambre y una sed de Él, que ya no podía, ni tampoco quería, parar de leer su Palabra. Deseaba saber más sobre Aquel que había causado semejante impacto en mi vida. Sí, necesitaba conocer más de Él.

Recuerdo que cuando me bauticé, estuve tres días alabando a Dios y cantándole canciones que ni siquiera me sabía de memoria, ya que las había escuchado hacía muchos años atrás, cuando aún me encontraba en la cárcel del condado esperando juicio. Sencillamente, aquello era maravilloso. Sí, es algo maravilloso y, a la vez, parece increíble, pero ni siquiera una celda de máxima seguridad puede restringir la libertad que nos da Cristo. De ahí en adelante, comencé a asistir a los servicios de la capilla de la prisión y, además de eso, comenzamos a reunirnos en el dormitorio para estudiar la Palabra y alabar a Dios los siete días de la semana.

Debo mencionar que anterior a esto, todos los años que hasta ese entonces llevaba en la prisión (aproximadamente once), los había pasado apostando dinero en diferentes juegos de cartas, deportes y cuantos juegos existen. De repente, todo eso perdió importancia para mí, pues en la regeneración que tuvo lugar en mi vida, mis valores y prioridades también fueron afectados. Todo aquello que era mi diario vivir y que por costumbre era importante para mí, ya no tenía el mismo valor y significado. Ahora, lo único que de verdad me interesaba y llamaba mi atención era saber y conocer más acerca de Jesús, de Aquel que había logrado hacer en mí lo que nunca nada ni nadie había conseguido.

Como se podría esperar, habiendo estado habituado a hacer el mal por tantos años consecutivos, mi conciencia, por haber sido violada tan a menudo, se había hecho insensible y ya no respondía como suponía debía hacerlo. Pero al haber nacido de nuevo y estando ahora sellado con el Espíritu Santo, comencé a estar consciente de las cosas que estaban mal en mi vida y que necesitaba entregar a Dios para deshacerme de ellas. El Espíritu Santo comenzó a darme convicción cada vez que actuaba opuesto a Dios, y no me resistí a Él.

Me acuerdo de una ocasión en particular que puedo decir que el Señor prácticamente me dio a escoger entre rendirme a Él por completo y dejar que me transformara o seguir mi propia naturaleza y voluntad. Esa mañana en particular, me encontraba solo en la celda porque mi compañero de cuarto se había ido a trabajar. Mientras limpiaba la celda, recuerdo haber cogido la jabonera con el jabón de encima del lavamanos a fin de limpiarlo. Al levantarla, en lugar de ponerla sobre mi cama o en algún otro lugar mientras limpiaba, como para ese entonces a mí no me gustaba que pusieran nada encima de mi cama, lo que hice fue ponerla en la cama de mi compañero de cuarto. Te cuento que no hice más que hacer esto cuando de pronto el Espíritu me dio la convicción y me dijo de manera amorosa pero firme por medio de su Palabra inspirada: *"Todas las cosas que queráis que los hombres hagan con vosotros, así también haced vosotros con ellos"* (léase Mateo 7.12).

Yo diría que esta fue la primera vez en mi nueva y reciente vida como cristiano que percibí la guía y voz de Dios de una manera tan íntima y personal. Está de más decir que esto me impresionó mucho. Pero tengo además que agregar que también cautivó mi corazón como nada jamás en la vida pudo hacerlo antes.

Al sentir su corrección, me quedé inmóvil y en silencio, y el tiempo pareció detenerse en esa celda como si todo lo que existiera fuera esto que estaba teniendo lugar entre Dios y yo. Mi mente, de una manera que no sé explicar, captó la realidad del hecho y, como si me encontrara en otra dimensión, me di cuenta de lo que estaba haciendo Dios. Estaba obrando en mi vida para hacerme una persona mejor. No me estaba condenando ni juzgando; eso me quedó muy claro en ese momento. Él me estaba probando (véase Deuteronomio 8.2) para ver si le obedecería o me rebelaría en contra de su voluntad. Me dio a escoger. Esto último lo puedo asegurar porque, a pesar de su corrección, sentí que se me daba todo el derecho de escoger, que no se violaba ni forzaba mi propia voluntad.

Pero como le dije antes, este incidente cautivó mi corazón como si fuera algo mágico. Y de hecho, para mí, esto era algo más que mágico, era grandioso. ¿El Dios grandote y glorioso que creó todo de la nada se interesaba por mí y me dedicaba tiempo? Eso, en el momento, estaba mucho más allá de mi comprensión y, de seguro, era algo mucho más de lo que yo merecía y esperaba.

Entonces, como si solo tuviera una opción, y para mí, en verdad, no existía ni me interesaba otra, dije sí al Señor de una manera tan gustosa y decidida, que desde ese momento no solo cogí la jabonera de encima de la cama de mi compañero de celda y la puse en la mía en obediencia a Dios, sino que me decidí a abandonar absolutamente todo lo que no le agradaba ni estaba en línea con su Palabra. Hasta ese día, como le he contado en este libro, toda mi vida anterior había vivido una mentira que solo me había traído dolor y confusión.

Ahora que conocía la verdad, quería vivirla como si de eso dependiera absolutamente todo. Me imagino, ahora lo entiendo, que quería ser un seguidor de Cristo tal y como Él me lo dice en su Palabra (léase Lucas 14.26-27).

CAPÍTULO 13

APARTADO PARA ÉL

Después de este incidente y con este propósito en mi corazón, tan pronto salí al patio de recreación, le perdoné una deuda de juego a alguien que había perdido conmigo en el juego de las cartas, y quien de hecho me estaba esperando en el patio, como habíamos acordado, para continuar jugando. Además de perdonarle la deuda, le hice saber que ya no iba a apostar nunca más y le hablé de Cristo y de lo que había sucedido en mi vida al someterme a Él.

Desde entonces, comencé a pedirle al Señor que consagrara mi vida entera a Él y que, por favor, me santificara por completo en su Palabra (Juan 17.17). Le rogué y lloré por estas cosas de una manera tan intensa e insistente que, para su gloria y honra, puedo decir que, por su gracia y misericordia, he sido capaz de abandonarlo todo y consagrarme por completo a Dios.

Con esto, no pretendo decir que soy el más santo de los santos ni que ya no lucho a diario con el pecado, porque eso sería una mentira. Sin embargo, posicionalmente en Cristo, sí hemos sido santificados y somos santos y sin mancha delante de Dios el Padre, gracias y en virtud de la justicia de Cristo y a su obra vicaria en la cruz a nuestro favor. Pero si hay algo que he aprendido y se me ha hecho claro en todo este proceso y que he llegado a entender por mis propias experiencias y las de otros, es el hecho de que solo cuando estamos de veras dispuestos a escuchar y a rendirnos por entero a Dios es que podemos ser transformados. Cuando ese es el sincero deseo de nuestro corazón, Dios nos toma en serio y transforma nuestra vida. Pero cuando escuchamos su Palabra de manera pasiva y nuestra intención no es ponerla en práctica ni tomarla seriamente, ahí nos estamos engañando y su Palabra no crecerá ni echará raíces en nosotros.

Otra cosa que desprecié por tal de complacerlo a Él fue el cigarrillo. Cada vez que me arrodillaba a orar, me sentía incómodo y un tanto hipócrita, y tenía que pedirle perdón a Dios una y otra vez cada vez que fumaba. Pero ya que con todo mi corazón yo deseaba agradar a Dios y vivir para Él sin impedimento alguno, le dije en una de mis oraciones: "Señor, ya no puedo ni quiero seguir pasando más por esto de estar fumando y arrepintiéndome, fumando y volviéndome a arrepentir. Tú eres poderoso para librarme de esta adicción y puedes darme la gracia para dejar de fumar. Yo deseo dejar de fumar, no por miedo a que pueda causarme cáncer en los pulmones o por cualquier otra razón; yo no quiero fumar más porque deseo hacer las cosas que a Ti te agradan. Te entrego esta adicción, Padre santo, en el nombre de tu Hijo Jesucristo. Amén." Y tan simple como lo estoy contando aquí, dejé de fumar para siempre.

No estoy diciendo con esto que el deseo desapareció como por arte de magia. Pero cada vez que me llegaba la urgencia de fumar, también llegaba un recordatorio de la decisión que yo había tomado de agradar a Dios, y mi amor por Él junto a su gracia pudieron más que todo lo demás, incluyendo mi adicción al cigarrillo que hasta ese entonces me parecía un vicio imposible de dejar.

Después de esto, me volqué de lleno en su Palabra. Y cada vez que iba a un servicio (y no me perdía uno), pedía al Señor que hiciera atento mi oído para escuchar su voz y su voluntad para mí. Y así me enfocaba por completo en el mensaje para discernir su guía y llevar a cabo su voluntad. Y con esto, comencé a adorarlo en público levantando mis manos al cielo, con mis ojos cerrados y enteramente sumergido en Él, ajeno a lo que me rodeaba y sin importarme para nada lo que pudieran pensar de mí los demás presos. No me importaba lo que me pidiera, lo que me interesaba era amarle y obedecerle por encima de todo lo demás.

Si en el mundo fui tan atrevido para hacer lo malo, ¿cómo no voy a entregar todo ahora a mi Señor y Salvador? Él no solo era y es mi Salvador, Él era y es mi Señor y Dueño de mi vida, y su Palabra es mi autoridad, la que gobierna mi conducta y la que guía mis pasos.

Las victorias que comencé a experimentar y el gozo radiante que llenaba mi corazón, nunca pensé ni me imaginé que pudieran existir. Y la gente lo notaba. Los demás veían algo diferente en mí y les impactaba tanto que, cuando estaban a mi alrededor y se les escapaba una mala palabra, se ponían la mano en la boca y me pedían disculpas. Y este es el resultado normal para nosotros cuando lo abandonamos todo para caminar con el Señor en la hermosura de la santidad. No por nosotros mismos ni por virtud propia alguna, sino por Él y solo por Él. Por la justicia y santidad de ese hermoso y glorioso Salvador que lo llena todo y que es más sublime que los cielos, es que somos capaces de influenciar de una manera tan impactante a los demás y atraerlos a Él.

Permítame decirle que cuando dije que me entregué por completo a Dios, eso es exacta y literalmente lo que quiero decir. Lo abandoné todo por Él. Arriba mencioné que en la regeneración que tuvo lugar en mi vida, mis valores y prioridades también fueron afectados. Todo aquello que era mi día a día y que por costumbre era importante para mí, ya no tenía el mismo valor y significado.

Ni siquiera volví a leer ningún otro libro, periódico o artículo que no fuera acerca de Él. La misma televisión dejó de tener sentido para mí y perdí por completo el interés por cualquier cosa que enseñaran en ella que no hablara de Jesús.

Y por favor, no me malentienda, el hecho de haber abandonado estas cosas no me hace más cristiano o espiritual que nadie, ni tampoco tengo nada en contra de nadie que lea libros seculares o que vea la televisión. Me apresuro a añadir que de ninguna manera estoy criticando o menospreciando a nadie. No puedo esperar ni me propongo que todos sigan a Dios de la manera en que yo lo hago, ni yo mismo sigo al Señor guiándome por el patrón de ningún otro.

Cada uno es un mundo diferente y cada cual tiene su propia relación con Dios y responde a su llamado de una manera que difiere en mayor o menor grado de la de los demás. Lo que hago es contar mis propias experiencias para exhortar a otros a abandonarlo todo por Aquel que lo merece, y más aún, que lo demanda (véase Lucas 14.25-33). Después de todo, no sería un buen cristiano ni amaría a Dios como digo amarlo si no le dijera la verdad ni le contara lo que he aprendido con Él.

Otra de las cosas a las que tuve que acostumbrarme en mi nueva identidad, que de hecho fue un reto para mí, fue hablar en público, como orar, testificar y predicar la Palabra, por ejemplo. Usted debe saber que debido a mis complejos de inferioridad, una de mis debilidades era la incapacidad de expresarme abiertamente con los demás. Pero el Señor tiene su manera de obrar y Él mismo abrió la puerta en los servicios para que yo comenzara a ejercitarme en esta área.

Hubo momentos en que durante el servicio el Señor me guió así: "Párate ahora, pasa adelante y testifica". ¡Yo! Qué va, Señor, yo nunca he hecho esto, le respondía yo en silencio en mi interior. Pero yo lo amaba y mi corazón quería complacerlo. Y cuando esto es así, en ocasiones las cosas que nos pide Dios pueden llegar a ser difíciles para nosotros, pero nuestro amor por Él siempre saldrá vencedor. No se trata de hacerlo todo bien y perfecto. Él no nos exige eso. Habrá momentos en que nos equivocaremos y haremos las cosas mal. Pero más allá de cualquier sentimiento, bien dentro de nosotros siempre quedará ese gozo de haber obedecido a Dios y de haber estado dispuestos a hacer lo que Él nos dijo que hiciéramos. Al fin y al cabo, eso es lo que le agrada a Él, la disponibilidad y sumisión de nuestro corazón.

Esto me trae a la memoria una ocasión en la que me invitaron a orar frente a toda la congregación. ¿Cómo podría olvidar la tremenda vergüenza que pasé ese día? Resulta que al ponerme a orar en medio de todos me puse tan nervioso y rojo por la timidez que la lengua se me trabó y comencé a tartamudear delante de todos los presentes.

Cuando, gracias al Señor, finalmente terminé de orar y pasé por ese suplicio, vino hacia mí un hermano muy temeroso de Dios y muy cercano a mí, y me dijo lleno de gozo e inocentemente: "Hermano Acosta, ¡qué bien lo hiciste! Por un momento pensé que ibas a hablar en lenguas". Yo, que todavía parecía que tenía fiebre de 40 grados de lo caliente que estaba y aún tenía la cara roja como un tomate, lo miré a los ojos y no supe si llorar o echarme a reír.

Fue así que el Señor, poco a poco, me fue quitando ese temor escénico y me fue preparando hasta ponerme como ayudante del líder de la congregación, y no mucho después, como el líder de esta. Y no solo eso, sino que también me puso a cargo de una congregación en el patio de la prisión, la cual llegó a engrandecerse mucho por la bendición y aprobación de Dios. A tal punto, el Señor bendijo y usó este ministerio que muchos que se habían apartado del camino volvieron al Señor y se reconciliaron con Él.

El grupo cada vez crecía más (Cp. Hechos 2.47b), y hasta las autoridades de la prisión lo respetaban y aprobaban las cosas buenas que allí estaban sucediendo. Además de esto, para entonces ya nos estábamos reuniendo los siete días de la semana en las celdas del dormitorio, las cuales se llenaban tanto que algunos tenían que escuchar desde la puerta porque no cabían dentro.

Y mi vida, que antes de venir al Señor era una vida melancólica y por completo carente de amor e interés por los demás, ahora, junto a Él, estaba llena de alegría y colmada de amor hacia los otros. Sin apenas darme cuenta, me encontraba muy a menudo orando por los demás presos y autoridades de la prisión. Mientras daba vueltas alrededor del patio, orando y meditando en las cosas de Dios, miraba a los demás con amor y compasión y pedía al Señor por el bienestar de ellos.

¿Qué era lo que estaba sucediendo? ¿Cómo y por qué este cambio y despertar estaban tomando lugar dentro de mí? ¡Qué grande es el Señor, qué real y glorioso es Él! Había llegado a mi vida como un huracán de amor que lo inundaba todo. Se iba apoderando de mi ser hasta hacerme suspirar de amor por Él. ¡Lo amaba! ¡Oh, cuánto lo amaba! Ahora sabía lo que era el amor porque Él me había amado, y me estaba amando sin tomar en cuenta mi oscuro pasado y mis muchos errores. Recuerde, yo era una persona solitaria y confundida que solo había conocido miserias y sinsabores prácticamente desde que nací.

Pero Él, sin siquiera decir una palabra, me hacía sentir que me conocía, que me entendía y que para Él era alguien muy especial y valioso. Parecía mirar con ternura directamente a los ojos de mi alma y comunicarme de una manera tan real como si fuera física lo mucho que significaba para Él.

Esto sí lo cambió todo. Este sentir rompió en pedazos de una vez y por todas las cadenas de inseguridad que me habían mantenido atado por tantos años. Me dio valor. Me hizo sentir alguien con propósito y sentido para vivir. Ese vacío y soledad que hasta ese momento eran mis fieles e inseparables compañeros, de pronto comenzaron a disiparse a medida que iba aprendiendo más y más de Jesucristo.

Mientras iba estudiando y escudriñando su Palabra, iba adquiriendo conocimiento y entendimiento de esta, y a su vez, consecuentemente me iba liberando poquito a poco de mis dudas y temores.

Finalmente, había encontrado a Alguien que me amaba y aceptaba tal y como era. Ya no tenía que vivir constantemente esforzándome y tratando de agradar a otros para ser aceptado y amado. Ya no tenía que buscar plenitud y satisfacción en un sinfín de cosas y actividades como siempre había hecho; en Él me sentía alguien, me sentía amado, me sentía completo y aceptado.

CAPÍTULO 14

EN ÉL HAY ESPERANZA, EN ÉL HAY LIBERACIÓN

No conozco cuál es su situación actual, ni tampoco sé de sus debilidades, ni a cuál o a cuántas cosas pueda usted estar atado y esclavizado. Pero de una cosa sí estoy cien por ciento seguro, por mi propia experiencia, y más aún por la Palabra de Dios: el Señor le ama, desea liberarle y, sin duda alguna, es poderoso para hacerlo.

Yo no le estoy contando esto porque lo haya escuchado de alguien más; lo que en realidad hago es contarle con toda honestidad y delante de Dios lo que tuvo lugar en mi vida al creerle al Señor y haberme sometido a Él. Y esto lo hago con el fin de hacerle ver cuán valioso y especial es usted para Él, y más aún porque vivo consciente y sé que hoy día muchos se encuentran viviendo y sufriendo lo mismo que en mi pasado yo viví y sufrí.

Muchos son los que están confundidos y desorientados. Y aunque frente a los demás aparentan otra cosa, en realidad no tienen identidad propia ni saben en concreto lo que buscan, quiénes son y por qué viven. En sus vidas no hay una meta fija ni un propósito definido. No entienden de qué se trata la vida y, como resultado, viven un día a la vez esperando que de pronto algo cobre vida y traiga luz y esperanza a su existencia. No hay fin para el dolor y la tristeza. Solo existe un vacío que no sabemos cómo llenar, mientras que a la misma vez tratamos y hacemos todo lo posible por mantenerlo oculto de todos los demás.

No queremos que nadie lo sepa. Por un lado, nuestras inseguridades nos fuerzan a actuar así. Y, por otro lado, nos causa vergüenza, nos resulta penoso el solo pensar que alguien pueda enterarse. Preferimos que los otros crean que nosotros sí somos felices y que tenemos aquello que ellos buscan y necesitan, cuando en realidad nuestra vida está seca y vacía, rota en pedazos, sin esperanzas y casi sin deseos de vivirla. ¿Para qué?, nos preguntamos. De todas las maneras, a nadie le importa. Nadie nos entiende ni nos comprende. Y peor todavía, nadie puede librarnos, no hay salidas, no existe solución. Pero no es así, amigo mío.

Por encima de todo lo demás, sepa que sí hay Alguien a quien verdaderamente le importas y que le comprende perfectamente. Y no solo eso, sino más aún, ese Alguien, por el amor que le tiene, quiere llenarle de ese amor y desea liberarle de toda esa confusión, angustia y desesperación. ¡Y créeme, puede hacerlo!

No tendría sentido contarle todo esto si no supiera que Él puede traer a su vida el rayo de esperanza que alumbre su oscuridad y le guíe a puerto seguro. Él le ama tal y como es y no le rechaza ni condena por lo que ha sido, sino que, lleno de compasión, le ofrece el perdón y el amor que todo lo llena y que tanto busca y necesita. Pero usted debe responder a ese amor y abrir su corazón a Él. Y créeme, es fácil y sencillo.

En lo que respecta a nosotros como receptores de su amor y su perdón, Él lo ha hecho realmente fácil. No tenemos que ir a la universidad para venir a Él ni encontrar palabras hermosas que decirle para que nos acepte. El más torpe de nosotros puede venir a Jesús y recibir perdón y aceptación con solo pedirlo con un corazón sincero y de veras arrepentido. Un corazón contrito y humillado que reconoce su miseria espiritual sin el Salvador (véase Salmos 51.17). Solo tiene que levantar su alma a Él y, en la manera única que sabe hacerlo, ahí donde se encuentra y como lo que realmente es, le dice cómo está, lo solo que se siente y lo mucho que lo necesita. Deje que su corazón y no sus palabras sea el que hable. Pídale perdón e invítelo a su vida. Tan sencillo como eso.

Él le comprende, conoce el estado de su corazón y sabe exactamente cómo se siente. Su Palabra nos dice que todas las cosas están desnudas y abiertas a los ojos de Él (Hebreos 4.13). Pero esta decisión solo puede tomarla usted, es un asunto personal. Nadie más que usted personalmente puede rechazar o recibir el amor y el perdón que Dios gratuitamente le está ofreciendo.

Yo siento en lo más profundo de mi corazón que en estos momentos el Señor amorosa y persuasivamente le está guiando en esa dirección. No deje que pase esta oportunidad. No hay razón para seguir sufriendo ni continuar viviendo sin sentido ni propósito alguno. Él es el camino. Él es la solución, la única y verdadera solución.

CAPÍTULO 15

CUMPLIENDO CON MI DEBER

Ahora que conoce la triste y turbulenta historia de mi pasado, posiblemente crucen por su mente algunas preguntas como estas: "¿Este hombre no tiene un dedo de vergüenza? ¿A este no le causa bochorno contar esas cosas horribles y todos esos robos, fechorías e infidelidades?"

Si en verdad se ha formulado preguntas como estas, permítame decirle que le comprendo. Estoy de acuerdo en que a muchos les daría vergüenza compartir un pasado tan escandaloso y triste como el mío. A todos nos gustaría compartir y hablar con otros sobre nuestros logros sobresalientes y esas experiencias de nuestra vida que nos traigan y ganen el respeto y la admiración de los demás. Es cierto que en mi caso no es así, y le responderé honestamente.

Si de mí dependiera y me fuera posible, omitiría esta parte oscura y vergonzosa de mi vida, porque lo que hice en ella antes de venir a Cristo no es correcto, ni puedo decir que vivo orgulloso de mi pasado. Pero esa es la verdad. Como discípulos de Jesús, jamás debemos poner nuestras emociones e intereses personales antes que a Él. Por encima de todo y antes que cualquier otra cosa en este mundo, debemos poner a nuestro Señor y Salvador y hablarles a todos la verdad.

En mi caso particular, por su misericordia y la gracia que me da y que me hace capaz, y me da el valor que necesito, cuando me encuentro con cualquier otra persona, mi mente enseguida comienza a maquinar la manera en que puedo presentarle a Jesús y contarle lo mucho que Él ha hecho en mi vida. Mi agradecimiento, junto al gozo que siento, me hacen desear que todos sientan lo mismo y me impulsan a compartir con los demás lo que vivo en Cristo. ¡Deseo que todos lo conozcan!

Con todo eso, le confieso que en un lugar como este se hace particularmente difícil, ya que muchos te toman por una persona débil y, en algunos casos, hasta te provocan y ofenden abiertamente para hacer creer a otros que ellos sí son "valientes". Pero la opinión de los demás, aunque sea falsa y negativa sobre nosotros, no debe ser ningún obstáculo ni excusa para que dejemos de cumplir con nuestro deber como cristianos.

Sin embargo, desgraciadamente, a la hora de testificar sobre Jesús sucede que muchos escogemos la opinión o criterio que pueda tener la gente sobre nosotros antes que Aquel que murió por nuestra vergüenza y pecado para salvarnos y librarnos de toda nuestra miseria. ¡Qué cobardía! ¿Verdad?

¿Se ha preguntado usted qué habría sido de nosotros si las personas que usó Dios para testificarnos y llamar nuestra atención hubiesen sido tan cobardes como en muchas ocasiones lo somos algunos de nosotros cuando se trata de compartir a Jesús con los demás? Por otro lado, piense usted por un momento, son muchas las veces que pedimos a Dios y le rogamos que salve a nuestros seres queridos y a aquellos que amamos tanto; sin embargo, nosotros mismos, por vergüenza, nos sentimos incapaces y ni siquiera hacemos un esfuerzo intencional por hablarles a los demás acerca del Salvador.

Más triste aún, todavía existen otros que preferirían morir quemados antes de exponerse al ridículo de sus amigos y compañeros. Esto es algo tan triste como tan cierto. ¡Cuidado! Léase Mateo 10.32-33.

Aunque no es el único, pero sí uno de los más cruciales e importantes, diría yo, uno de nuestros deberes como cristianos es compartir con otros las Buenas Nuevas y contarles de dónde y de qué nos ha rescatado y liberado el Señor. Como seguidores de Jesús, se requiere de nosotros que demos nuestro testimonio y que contemos a los demás las grandes cosas que ha hecho el Señor en nuestra vida y cómo ha tenido misericordia de nosotros. Él nos dio claras instrucciones acerca de esto, y nuestra solemne responsabilidad es obedecerle sin rechistar.

> *"...Vete a tu casa, a los tuyos, y cuéntales cuán grandes cosas el Señor ha hecho contigo, y cómo ha tenido misericordia de ti"* *(Marcos 5.19b).*

Eso es precisamente lo que estoy haciendo en estos momentos, a través de este libro: cumpliendo con mi Señor y contándole a usted las grandes cosas que Dios ha hecho conmigo y cómo ha tenido misericordia de mí. Lo hago para la gloria y honra de su gran nombre, así como para su propio provecho y la edificación de la iglesia.

Mi esperanza aquí es que usted pueda ver que, independientemente de quién sea, dónde viva y de todo lo que haya hecho o dicho en el pasado, Dios le ama, tiene un plan y un futuro para usted, y se propone usarlo si está verdaderamente dispuesto y se lo permite. En realidad, no importa ni hace diferencia alguna cuál sea su raza, su estado social o su nacionalidad. El Señor es un Dios justo que no hace acepción de personas. Desde el momento en que se arrepiente y le pide ayuda, Él abre sus tiernos y amorosos brazos, le recibe como a hijo y se convierte en su mejor y más fiel amigo.

Si yo fuera a darle una última exhortación en este punto, de seguro sería esta: "Abra su corazón a Dios, sea sincero con Él y hágase el compromiso de seguirle". Él hará el resto.

CAPÍTULO 16

CONCLUSIÓN DE MI TESTIMONIO

Como habrá podido ver, antes de venir al Señor, mi vida era bastante complicada. Habiendo nacido en un hogar pobre y completamente disfuncional, sin padre, con tres hermanas y con una madre enferma de los nervios debido al trauma que sufrió al ver morir quemado frente a ella a su hijito de solo dos años cuando yo apenas contaba con meses de nacido, la vida me llevó por un camino que yo nunca hubiera escogido si me hubiera sido posible. Si me pidieran expresar en solo una oración mi sentir desde que tengo uso de razón hasta el día en que Cristo me liberó, lo haría de esta manera: "tenía como un nudo en mi interior, un nudo que asfixiaba mi vida, un nudo que oprimía y sofocaba mi ser y que no permitía relajarme, y de ese modo me hallaba inhabilitado para ser feliz".

En este punto cobra especial importancia ser lo más simple y preciso posible. Pienso que la manera más eficaz de contar algo que ha sucedido y tenido lugar en nuestra vida es decirlo de la forma más sencilla y directa posible, como a continuación lo hago: Cristo Jesús cambió mi vida y me liberó de ese nudo que me exprimía y consumía de dolor. Pero entienda esto, por favor, si hay algo que deseo que se lleve de este libro, es que sepas que lo hizo Él. No lo hizo la prisión, no lo consiguió algún tipo de programa, consejería personal o institución alguna. Lo hizo Jesucristo.

Por todo esto, y ahora, con el fin exclusivo de que usted pueda comprender que el amor y el poder transformador de Dios no tienen límites ni conocen fronteras, me parece oportuno brevemente recordarle una vez más que toda mi vida antes de haber recibido a Jesús como mi Señor y Salvador personal la viví miserablemente perdida y esclavizada.

Fueron muchos los años que permanecí en ese estado y condición, y debido a esto se formaron en mi interior sentimientos de aislamiento e inseguridad (fortalezas) que me costaron mucho deshacerme de ellos. Me creía que no valía mucho y esto, a su vez, me hacía sentir rechazado por los demás. No me veía capaz de compartir abiertamente con otras personas porque mi triste situación me forzaba a sentirme inferior. Por consiguiente, con semejante desequilibrio e inestabilidad mental, en ocasiones actuaba agresivamente hacia los demás y, en otras ocasiones, actuaba sumisamente.

En concreto, la realidad es que yo era una persona atada y llena de complejos e inferioridades, que nunca tuve un momento de paz y tranquilidad en mi vida antes de recibir la salvación de Jesús. Era uno de esos cautivos que Cristo vino a liberar (Lc. 4.18-19; comp. 2Timoteo 2.26), y como tal era un hombre que vivía una existencia miserablemente vacía y triste. El diablo, de quien verdaderamente el Señor me liberó (y no solo a mí, sino a todo hijo de Dios; pues hemos sido librados de la potestad de las tinieblas y trasladados al reino de su amado Hijo; véase Colosenses 1.13), me manejaba y usaba como cualquier titiritero usaría a un títere.

Estos hábitos y costumbres que le he contado a través del libro estaban muy arraigados en mí desde una edad bien temprana en mi vida, algo que en sí mismo resalta y nos llama la atención hacia el poder de Dios y todo lo que es capaz de lograr en una persona como yo, incluso en alguien como yo. Tan encerrado me encontraba en mí mismo que no me sentía seguro para abrirme a nadie, ni mucho menos contarle mi dilema y vacío, porque me hallaba confundido y lleno de desconfianza e inseguridades. Estaba muy herido y dolido por lo tan dura y cruel que había sido la vida conmigo, y no quería ni estaba dispuesto a exponerme a otro rechazo por miedo a no soportarlo. Por esta razón vivía una doble personalidad y prácticamente lo que hacía era vivir para los demás con el fin de complacerlos y ser así, de alguna manera, aceptado y amado. ¡Cómo sufrí!

¡Oh, pero gracias a Él, mil veces gracias a Él! Bendito y siempre enaltecido sea el santo y glorioso nombre de ese sublime Salvador que tuvo compasión de mí y me rescató de tanta miseria y angustia. Vine a Él con todas mis faltas y defectos y me recibió con los brazos abiertos. Me salvó, abrió mis ojos y me consoló, haciéndome saber que no me rechazaba, sino que me aceptaba tal y como era porque en verdad era mucho lo que me amaba.

Hoy, gracias a Dios, soy un hombre diferente. A pesar de mi situación actual, gracias a Él soy feliz, bendito y me siento colmado de gozo y lleno de la paz de Dios que sobrepasa todo entendimiento (véase Filipenses 4.7). Sí, por difícil que parezca, con todo y las circunstancias que me rodean, ahora vivo en paz; y al contrario que antes, hoy me siento una persona segura, llena de amor y compasión por los demás, y vivo mi vida sin complejos e inseguridades.

Para la gloria de su nombre, le digo que soy uno de los muchos milagros de Jesús. Eso es exactamente lo que Él ha hecho en mi vida, un milagro. Ahora soy verdaderamente libre. Desde mi celda, pero libre. Sí, es algo maravilloso, y a la vez parece increíble, pero ni siquiera una celda de máxima seguridad puede restringir la libertad que nos da Cristo.

Esto no es decir que toda esta liberación que el Señor ha llevado a cabo en mi vida haya sido una tarea instantánea y sin dolor alguno. En realidad, he tenido que pasar momentos muy dolorosos para la naturaleza humana, en los cuales me ha costado mucha lucha ceder mi voluntad rebelde al Señor y someterme humillado a Él en áreas que me han sido verdaderamente difíciles debido a mis años de rebeldía y desenfreno. Pero finalmente, con su gracia y por su misericordia, mi amor y temor a Él han prevalecido en esos momentos decisivos en los que se me ha dado a escoger entre rendirme a Él o seguir mi propia voluntad.

Como dicen muy a menudo en mi país cuando alguien se ve obligado a resistir la tentación del agravio a otro en pago de una ofensa: "He llegado a hacer buche de sangre". Por así decirlo, en ocasiones me he tenido que morder la lengua. Pero bien ha valido la pena.

Al ponerme a meditar en todo lo mucho que ha hecho el Señor por mí y al acordarme de la tristeza tan honda y amarga de la cual me rescató, no solo digo que ha valido la pena pasar por todo lo que he tenido que pasar y haberle entregado a Él todo lo que me ha mandado en orden para que todo este cambio y transformación hayan sido posibles en mi vida, sino que mi corazón se llena de gratitud, y de mi interior surge un grito de agradecimiento y regocijo que no me deja otra alternativa que exclamar: ¡Gracias, Señor Jesús, muchas gracias!

CAPÍTULO 17

UNA ÚLTIMA
PALABRA

Este libro es el resultado de una gratitud inmensa que siento en lo más profundo de mi corazón hacia mi Salvador. "El mundo debe saber lo que yo era y lo que ahora soy en Él", me dije a mí mismo. Necesitan entender que Jesús es la solución, la única solución, a todo el mal que tan macabramente se va apoderando de la humanidad y va destruyendo todo lo que se encuentra en su camino con paso arrollador. El Cristo resucitado libera, salva, sana, da vida y propósito, y trae la paz y la plenitud que todo corazón humano desea, busca y necesita.

Ahora que lo conozco a Él, muchas veces me encuentro ardientemente deseando haberlo conocido antes. Las cosas hubieran sido tan diferentes. ¡Qué buen hijo, padre, hermano, esposo, amigo y hombre de bien hubiera sido si hubiese venido al Señor desde más temprano en mi vida! Por otro lado, razono ahora, si hubiese conocido al Señor mucho antes, en estos momentos no contaría con un testimonio que contar sobre el amor de Dios, su misericordia y su poder para transformar y sanar una vida desdichada y hecha pedazos como la mía, en algo útil y de bendición para otros. Creo que el Señor permitió que mi vida se desarrollara de la forma en que lo hizo para que sus planes se cumplieran al final y para que su glorioso nombre fuera glorificado por medio de mí.

Todavía es demasiado temprano para apreciar las muchas cosas buenas que Dios ha planeado que surjan de mi pasado y de los sucesos que marcaron mi vida, pero ya he podido contemplar algunas cosas claramente. Gracias a su misericordia, he podido ser testigo del impacto que ha traído a la vida de otros la liberación que Dios ha ejecutado en mi persona. Me he gozado hasta brillar de alegría al notar la influencia positiva que ha sido mi testimonio en la vida de otros hermanos en la fe que han leído u oído parte de mi historia.

He visto crecer a pasos gigantescos la fe de muchos de mis hermanos en prisión que se han identificado con mi pasado. He tenido el privilegio de ser parte de que otros comiencen a amar a Jesús con todo el corazón y que, por ese amor hacia Él, hayan decidido abandonarlo todo por tal de seguirle, servirle y complacerlo en todo lo que dicen y hacen. Y más notable todavía, he podido apreciar de primera mano la influencia positiva y el canal de bendición que progresivamente he venido a ser en las manos del Señor para mis seres queridos, quienes, como conocedores de mi vida y comportamiento en el pasado, en el transcurso de los años han podido ver y comprobar por ellos mismos que Cristo de verdad libera, transforma y luego usa a personas que parecían no tener remedio alguno.

A razón de estas cosas y debido a que todo se lo debo a Él, este libro que tiene en sus manos lo he escrito con mucho amor y dedicación, buscando que también traiga a su vida algún tipo de ayuda y esperanza. En él, le he dado humildemente lo mejor de mí; le he contado mi vida tal y como era en el pasado, y le he hecho saber la realidad de mi presente. Son mi deseo y oración que haya causado en usted un impacto positivo, ya que ese ha sido el propósito por el cual lo he escrito: el de ayudar.

Como cristiano que soy y como un hombre que de ninguna manera merece el amor y la misericordia que Dios ha derramado en mi vida, siento un profundo deseo que alcance todo lo que Dios tiene para usted y que llegue a ser todo lo que Él quiere que sea, verdaderamente libre. Por esta razón y con este anhelo en mi corazón, le digo que usted sí puede. No importa cuán difícil pueda o llegue a ser la situación que enfrente hoy; con el Señor a su lado, usted lo logrará.

No le coja miedo ni mucho menos se intimide por todas aquellas cosas que puedan encontrarse atravesadas en su camino y que parezcan o que de hecho puedan estar obstaculizando su avance hacia lo que Dios le ha prometido y tiene para usted.

Recuerde que *"su amparo se ha apartado de ellos, y con nosotros está Jehová; no los temáis"* (Números 14.9b).

Nota: "Si este libro ha causado en usted un impacto positivo y, en mayor o menor grado, lo ha movido a amar más al Señor, y le ha ayudado en su caminar con Él, me gustaría mucho oír de usted. Cuánta alegría y cuánto gozo traería a mi corazón el hecho de saber que mi testimonio, incluso el testimonio de un hombre como yo, haya sido en manera alguna de ayuda para usted y que haya traído a *su* nombre Gloria y Honra."

Visite nuestra página web:

www.ministeriocolumnayvaluartedelaverdad.com
pastorjesusacosta.com

O escríbanos:

info@pastorjesusacosta.com

¡Dios le bendiga!

Made in United States
Orlando, FL
29 June 2023

34620457R00098